JN319725

たったひとつの「真実」なんてない

メディアは何を伝えているのか？

森達也 Mori Tatsuya

★——ちくまプリマー新書

221

目次 ＊ Contents

イラスト・飯箸薫

第一章　自分の眼で見ることの大切さ

北朝鮮はどんな国？

まずはあなたに質問。北朝鮮という国について、あなたはどんなイメージを持っているだろうか。あるいは北朝鮮という国名を耳にしたとき、あなたはどんなイメージや言葉を思い浮かべるのだろう。

独裁国家。
拉致問題。
弾圧と粛清。
貧困と飢餓。
ミサイルと核開発。
軍事国家。

まだあるかな。でもまあおそらく、多くの人はまず真先に、こんなイメージを思い浮かべるだろう。今の指導者である金正恩《キムジョンウン》や、その父親で長く北朝鮮を支配してきた金正日《キムジョンイル》の顔を思い浮かべる人もいるかもしれない。

何といっても今の日本にとっては、すぐ隣にあるけれど、拉致問題やミサイル発射など、とても困った国だ。多くの人はそう思う。そもそも常識が通用しない。まともな交渉などできるはずがない。テロ支援国家という言葉を思い起こす人もいるかもしれない。

その北朝鮮に、僕はついこのあいだ行ってきた。一週間の滞在だったけれど、行動範囲は首都である平壌《ピョンヤン》市内だけだったので、その意味ではかなり濃密な旅行だった。

北朝鮮に行く前には、多くの友人から「拉致されないように気をつけろよ」と真顔で言われた。そして帰国してからはやっぱり多くの友人に、「拉致されなくてよかったね」と言われた。そもそも北朝鮮に旅行で行けるのかと確認してきた友人もいた。

結論から書けば、旅行で普通に行けます。ただし僕が行った2014年5月の時点において日本の政府は、国民に渡航自粛を呼びかけていた。だから北朝鮮に行くことなどありえない。行くことは禁じられている。そう思っている人は少なくない。

でもちょっと考えてほしい。自粛の意味は「自ら進んで行いや態度を慎むこと」。つまり禁止とは違う。

「自ら進んで行う」ことを「呼びかける」というのも変だけど、とにかく渡航することが禁止されているわけではない。意味としては、できるだけ行かないようにとのこと。だからどうしても行きたいと思うのなら行ける。別に規則や法令に違反するわけではない。

でも確かに、他の国への旅行と比べれば、少しだけ大変ではある。今のところ北朝鮮と国交のない日本ではヴィザの申請ができないので、北京《ペキン》まで行って朝鮮大使館でヴィザ申請をしなければならない。もちろん申請は旅行会社に頼めるけれど、もらうときは本人が行くことが条件だ。この段階で、新聞やテレビなどメディア関係者は、朝鮮大使館からヴィザを拒否される場合がある。でも観光が目的ならば、ヴィザはほとんど問題なく発給される。だからあなただって、行く気になれば行ける。何よりも渡航自粛はつい最近までのこと。2014年7月4日、日本政府は北朝鮮への渡航自粛措置の解除を発表した。でもまだ政府のホームページには、

日本と北朝鮮との間には国交がなく、北朝鮮には日本の在外公館等の日本政府の機関

がありませんので、北朝鮮において事件・事故等何らかのトラブルに巻き込まれた場合でも、通常行われている邦人援護活動を行うことは極めて困難です。例えば、旅券（パスポート）紛失時の再発給を含め、通常行われている邦人援護活動を十分に行うことができません。

つきましては、北朝鮮への渡航を検討されている方は、報道機関関係者を含め、上記事情に十分留意し、不要不急の渡航は控え、渡航すべきか否かは、渡航目的の緊急性や妥当性、とりうる安全対策等について慎重に検討した上で判断してください。その上で渡航する場合には、可能な限り最新情報の入手に努め、十分な安全対策を講じるとともに、不要不急の外出は控えるなど、自らの安全確保に努めてください。

などと書かれているから、これを読んだ人は、まだまだ危険な国だと思うだろうな。まあ一面的には、確かにいろいろ面倒な国だ。まだ安易に行ける時期ではないことは確かだろう。でも行く気になれば行ける。そして僕は行く気になった。この先日本と北朝鮮の関係がどうなるかはわからないけれど、とにかく今の北朝鮮を自分の目で見てみようと考えた。

メディアから受け取る情報だけでは偏る

北京の朝鮮大使館で無事にヴィザをもらって北京空港に向かう。平壌行きの高麗《こうらい》航空の飛行機に乗ると、乗客の半分以上はヨーロッパからの観光客だった。これは少しびっくり。でも考えれば当たり前。北朝鮮は実のところ、とてもたくさんの国と国交がある。日本の報道に接していると、国際的に孤立している国のような印象を持ってしまうけれど、同じ社会主義国の中国やロシアはもちろん、イランやリビア、キューバとは長く交流がある。

現段階でいちばん新しい情報（衆院安全保障委員会平成14年4月4日）によれば、北朝鮮と国交のある国は、151ヶ国。世界のほぼ8割だ。特にアフリカや南米諸国とは関係が良好だ。北朝鮮と国交がない主な国は、アメリカとフランス、アルゼンチンにイスラエル、そしてイラクとサウジアラビア、バチカン市国、そして日本だ。

今の北朝鮮を自分の眼で見る。そう思った理由のひとつは、メディアから受け取る情報だけでは、どうしても偏ってしまうからだ。ただし嘘《うそ》やでたらめばかりだというつもりはない。世界の8割とは国交があるにしても、残りの2割とは国交がないのだ。やっぱり普通とまでは言えない。

でもメディアは（あとで詳しく書くけれど）、そうした情報を四捨五入してしまう傾向がある。つまり切り上げと切り下げ。言い換えれば強調だ。これは北朝鮮だけの事例ではない。情報は常に四捨五入される。１５・２０９は１５・２１になり、１５・２になり、次に１５・0になって、最後には20になる。実は12が20になったり、28が20になったりすることも頻繁にある。つまり恣意《しい》的な切り上げと切り下げ。前者の場合は煽《あお》るため。そして後者の場合はスポンサーや政府への配慮などがある。でも今は、普通の四捨五入を前提に話を進める。

とにかく「少しだけ普通の規格とは違う」というニュアンスが、まるで伝言ゲームのように、「だいぶ普通とは違う」↓「かなり普通とは違う」↓「まったく普通とは違う」↓「とても異常だ」に変換されてしまう。

そしてこの「とても異常だ」を受け取るのは、テレビやネットを見たり本や雑誌や新聞を読んだりする僕たちだ。

だからヨーロッパから来る観光客は、決して少なくない。でも日本にいれば、北朝鮮は世界中と関係を絶っているかのように思えてしまう。情報が四捨五入されているからだ。

もう少しだけ補足しようかな。メディアという意味では、あなたが今読んでいるこの本も同じ。４行前に僕は「決して少なくない」と書いたけれど、「とても多い」と書くこともできる。そしてこの二つの描写が与える印象は、だいぶ違う。でもどちらも嘘ではない。もしも僕が飛行機に乗る前にヨーロッパから北朝鮮に向かう観光客などいるはずがないと思っていたとしたら、その予想外の存在に強く驚いて、「とても多い」と書くだろう。もしもある程度はいることを知っていたのなら、予想していた数よりも多いなあなどと思いながら、「決して少なくない」とか「意外に多い」などと書くはずだ。

つまり書く人の意識や知識によって、言葉の選択や表現はまったく変わる。さらにそれを読む僕たちも、頭の中で「とても」や「決して」や「意外に」などの言葉を、イメージに変換する。このときにすべての人が同じイメージを持つわけではない。「とても」という言葉から9割をイメージする人もいれば、控えめに7割くらいをイメージする人もいるはずだ。

つまり言葉とは、とても主観的な存在だ。人によって意味が違う。

もっと正確に書くのなら、少し前に書いた「乗客の半分以上は」だけど、実際にはこれだって僕の印象だ。ちゃんと数を数えたわけじゃない。本当に正確な記事や文章を書こうと思うのなら、常に正確な数を数えてメモすべきだ。でも、実際の取材の際には、それが不可能な場合はいくらでもある。例えば戦場。のんびりと兵士の数を数えたりできるような状況じゃない。例えばモンゴルの草原に放牧されている羊。じっとしているわけじゃないから数えることは不可能だ。

それに世の中の現象すべてが数に換算できるわけでもない。例えば今日の天気はうす曇り。この言葉だって、人によってイメージ（解釈）はさまざまだ。

絶対的に客観的で正確な記述は不可能だ。それはまず頭に入れてほしい。これはメディア・リテラシーの基礎。あとでもっと詳しく書くけれど、今はとりあえず話を進めよう。ちなみにこの後の文章にも、「かなり」とか「なかなか」とか「意外に」とか「美味《おい》しい」などの言葉は頻繁に現れる。だから心して読んでほしい。これらの表現は、あくまでもこの文章を書いている森達也の感覚によって生まれた表現なのだということを。

僕が見た北朝鮮

北京からはおよそ二時間のフライト。ちなみに機内食は、紙に包んだハンバーガー一個だった。付け合せのサラダもないし、冷えかけた二枚のバンズのあいだには、レタスもトマトも挟まれていない。そういえばチーズもなかったな。二枚のバンズのあいだには、薄いハンバーグ（つまり玉ねぎとひき肉を炒めて香辛料で味付けしたもの）らしきもの。

隣の席に座っていた友人が、以前の機内食はもう少しお金をかけた朝鮮料理が出ていたよと教えてくれた。ちなみに北朝鮮は社会主義国家。日本や他の国のように普通の株式会社は存在しない。すべて国営だ。もちろん高麗航空も。ならばやっぱり財政難なのだろうか。今は資金的に大変なのかもしれない。

でもなぜか、機内でビールは自由に飲めた。これはうれしい。朝鮮国産のビールだ。まずは一口飲む。うん。なかなか美味しい。世界でいちばん美味しいのは日本のビールという人は少なくないけれど、決して朝鮮ビールも負けていない。次にハンバーガーだ。おそるおそる齧《かじ》る。

……何となく不思議な味だ。でもまずくはない。意外に美味しい。いや、かなり美味しい。レタスもチーズもないのに、何となく懐かしい味なのだ。

食後は映画でも見たいところだけど、残念ながらそんな機内サービスはない。目の前の壁に映っているのは子供向けのアニメだ。他のチャンネルはない。クマとネコとキツネとタヌキがスキーをしている。ネコが手にした布を広げて空に滑空した。北朝鮮の子供たちのあいだでは大人気のアニメらしいけれど、いい歳をした大人がビールを飲みながら楽しめるアニメではない。シートベルト着用のランプがついた。そろそろ平壌空港だ。

平壌の街の最初の印象は、とにかく軍人ばかりだということ。理由はよくわからないけれど、空港にもたくさんいる。税関や入国審査の係官も軍服姿だ。

手続きを終えてやっと外に出る。通りを歩く一般男性のほとんどは、黒やカーキ色の人民服を着ている。これもやっぱり遠目には軍服のように見える。人民服の説明は必要だろうか。喩《たと》えればカラーのない学生服。少し前までは北朝鮮の最高指導者だった金正日が愛用していた。中国共産党の創設者の一人で中国の最高指導者でもあった毛沢東《もうたくとう》も着ていた。

昔の中国では多くの男性が人民服を着ていたけれど、今はよほど田舎に行かないと見ることができない。中国の政治指導者も、ずいぶん前からみな背広姿だ。

でも北朝鮮の一般男性は、今も半分以上は人民服を着用している。街には警察官も多い。これもまた服のデザインが軍服とよく似ている。

通りを車で走ると、建設現場や農場などで、作業に従事している軍人も多い。最初は人民服かと思ったけれど、軍服姿で作業している男性もかなりいた。

「ならば最初から兵士ではなく農民や建設作業員になればいいのに」と言えば、「これが先軍政治なんです」と、ガイドの金明哲《キムミョンチョル》さんが説明してくれた。

先軍政治の意味は、すべてにおいて軍事を優先させるという北朝鮮独特の思想。これを始めたのは金正日。もしもお金が余れば、まずは兵器や軍の物資に回す。国民の生活を考えるのはそのあとだ。だから飛行機の機内食を豪華にすることよりも、まずは兵器にお金を使う。この発想の根底には、充実した軍隊が守ってくれているからこそ、この国は存続できているとの前提がある。

北朝鮮を観光するときには、必ずガイド（通訳）がつく。つまり外国人は（基本的に）一人で観光することができないシステムになっている。今回僕に付いたのは、平壌外語大学の日本語学科を卒業した金明哲さんだ。

金明哲さんはとても流暢《りゅうちょう》な日本語をしゃべる。知っている語彙《ごい》は豊富だし、発音もほぼ完ぺきだ。「昨夜は疲れて泥のように眠ってしまいました」などと普通に言う。だから会話にはまったく苦労しない。

大学を卒業してからはほぼ20年が過ぎるという。もうすぐ50歳。一緒に歩いていると、「もっと仕事はたくさんあると思っていました」と金明哲さんは時おり愚痴る。

彼の仕事、つまり日本語通訳が少なくなってしまったきっかけは拉致問題だ。2001年に小泉首相が訪朝して金正日総書記に会い、多くの日本人が北朝鮮に拉致されていたことが公式に明らかになった。その結果として日本は北朝鮮との人や物資の往来をほとんど停止した。それで、金明哲さんのように日本語通訳たちの仕事も少なくなってしまった。渡航自粛を日本政府が決めたのもこのときからだ。

ただし（もう一度書くけれど）北朝鮮は社会主義国だ。資本主義国ではない。何が違うのかといえば、通訳もスーパーの店員も兵士もトラックの運転手も農民も、すべての人が国家公務員だ。仕事の業績とか売り上げが生活に響く割合は小さい。だから国から給与が出るかぎりはやめる必要はない。でも「人はパンのみにて生くる者に非《あら》ず」という言葉もある。この出典は新約聖書。意味は「人は物質的な満足だけでは生きられない」。他にも必要なことはたくさんある。生きがいもその一つ。自分の仕事が誰かの役に立っていると思いたい。給与はもらえるからまあいいかとはならない。せっかく勉強したのにと金明哲さんは悩んでいる。まあでも、いずれ日本と北朝鮮の関係が良くなるかもしれませんよ、と僕は言った。あまり深く考えずに。根拠はまったくない。でも金明哲さんは大きくうなずいた。

「私もそう願っています」

そう言ってから金明哲さんは、「そのためには、お互いをもっと知る必要がありますよね。知らないいままでは関係改善などできるはずがない」とつぶやいた。

「もちろんです」

「互いに知り合うためには、私たち通訳の力が必要です」

「そうですね」

「でも仕事は減るばかりです」

そう言ってからまたしょんぼりとしてしまった金明哲さんの表情を見つめながら、通訳だけに任せていてはダメなんだろうなと僕は考えた。

もちろん、お互いを知るためには、言葉を翻訳する通訳の存在は重要だ。でもそれだけじゃない。もっと多くの人に、多くのことを知る機会を与えてくれる装置がある。

メディアだ。

テレビやラジオ。新聞や書籍。雑誌やネット。あるいはSNSなどの新しいメディア。

知らない何かを知るとき、僕たちはこうしたメディアの何かを利用する。もちろん自分自身で体験することがいちばん確かだけど、でも多くの人が北朝鮮に自由に行けるわけじゃない。行く気になれば行けるとしても、みんな日々の勉強や仕事や家事がある。忙しい。お金もかかる。

そのためにメディアがある。メディアによって、僕たちはいろいろ知ることができる。気づくことができる。学ぶことができる。

メディアは重要だ。ただしその情報が、実際に自分が体験した情報とは違う場合はとても多くある。

どう違うのか。何が違うのか。なぜ違うのか。そしてどこまで違うのか。情報の軌道修正は重要だ。でもどの情報をどのように軌道修正するのか。それを言葉にすればメディア・リテラシー。この本の重要なテーマだ。

日本とどこが違うのか？

滞在三日目に、これまで写真では何度か見ていたチュチェ思想塔に行った。北朝鮮のシンボルタワーだ。その近くには、金日成の巨大な銅像がそびえている。それも写真で何度も見ていた。でも実際の光景は写真とは違う。金日成の横にもう一人いる。金正日の巨大な銅像だ。そうか。死んだから銅像になったのか。ならば（現在の指導者の）金正恩の銅像はまだ先だ。

そんなことを思いながら銅像を見上げていたら、同行していた友人が、「銅像をバックに写真を撮ってあげよう」と提案してくれた。でも銅像が巨大すぎて、一緒にはなかなかフレームに収まらない。ならばと友人は、地面に横になって思いきり仰角で、僕と銅像を写真に撮ろうとした。そのときに気がついた。傍にいた金明哲さんの様子がおかしい。明らかに緊張している。その視線の先には軍服を着た衛兵たちがいる。数は3人。何かを叫びながら走ってくる。

衛兵たちは顔色を変えて怒っている。言葉はわからないけれど、神聖な銅像の前で寝そべるなどとんでもないということを言っているようだ。寝転んでカメラをかまえていた友人があわてて立ち上がる。でも衛兵たちの怒りはおさまらない。僕と友人を庇《かば》うようにあいだに入った金明哲さんが懸命に弁解して、ようやくその場から退散することができた。

速足で歩きながら、「今のはちょっと危なかったです」と金明哲さんが小声で言う。

「ずいぶん怒ってましたね」

「はい。外国人に侮辱されたと思ったのでしょう。この日本人たちに悪気はなかったと説明したけれど、なかなか納得してもらえませんでした。逮捕されても文句は言えないです」

このときは、やっぱり異常な国だと思った。だってたかが銅像だ。しかも別に銅像の前でパンツを脱いだとかお尻ぺんぺんをしたわけじゃない。あまりに大げさすぎる。でも後で考えた。確かに今の僕たちの感覚からすれば、銅像前で寝そべったことくらいで逮捕されるとしたら、それは異常なことだ。でも同時に思いださなければ。日本だって昔は同じだった。

あなたは御真影《ごしんえい》という言葉は知っているだろうか？　意味は天皇の写真。明治時代、御真影は日本中の学校などに配置され、その前を通るときに職員や児童は、服装を正してお辞儀をすることを強制された。もしも素通りするところを誰かに見られたら、とても大変なことになった。廊下で立たされるくらいでは済まない。だって御真影は天皇そのものなのだから。その前で寝転ぶなどとんでもない。不敬罪で逮捕される。

日本の不敬罪は、１８８０年（明治13年）に公布された旧刑法において明文化された。それから新憲法が施行された１９４７年（昭和22年）まで、ずっと有効だった。この間はほぼ毎年、何十人という単位で多くの人たちが逮捕されている。

長野県の学校が火事になって御真影が焼けたときは、校長が責任をとって割腹自殺した。あるいは、やっぱり火事のときに御真影を守ろうとして、校長が焼死してしまったこともある。でも誰もこれを異常だとは思わなかった。割腹自殺した校長や焼死してしまった校長については、新聞など当時のメディアは、美談として大きく伝えている。

昭和の時代になってもこの状況は変わらない。いやもっと強化された。戦争が終わるまで日本人はすべて、御真影の前で深々とお辞儀をした。もしもこの時代に御真影の前で横になったなら、やはり大問題になっただろう。大人なら憲兵に拘束されて拷問されたかもしれないし、子供なら親が呼ばれて危険な思想を持つ可能性があるとして激しく叱責されていただろう。

決して大昔の話ではない。あなたの祖父や祖母、あるいはその父や母の時代まで、不敬罪は運用されていた。御真影は学校などに置かれていた。そしてその前を通る人は、男も女も生徒も校長先生も、深々とお辞儀をしていた。

それらすべてが建て前やポーズだったとは思えない。強制されて無理矢理にやっていたとも思えない。割腹自殺はともかくとして、最敬礼くらいは当然のこととしていた人が大半だったはずだ。

人は状況に馴《な》れやすい。つまり馴致《じゅんち》能力がとても強い。だからこそこれほどに発展したとの見方もできる。赤道直下から北極点近くまで、アマゾンのジャングルから砂漠地帯まで、ありとあらゆるところに人は生息している。高等動物でこれほどに広範な生息領域を持つ生きものは他にいない。

でも馴致能力が強いということは、環境に自分を合わせてしまう危険性が少なくないとの見方もできる。本来は不合理な環境なのに、自分の感覚や生理をスライドして、矛盾や不合理さを、ないことにしてしまう。見て見ないふりをしてしまう。そしてそのうちに、実際に見えなくなる。

特に日本人はその傾向が強い。例えば戦争中は鬼畜米英と言いながらアメリカやイギリスを激しく敵視したけれど、戦後は一転して占領軍に従属した。特に占領軍のトップであるマッカーサー元帥は国民的な人気を獲得して、「神さま仏さまマッカーサーさま」という流行語まで現れた。

よく言えば適応力がある。悪く言えば変わり身が早い。

だからとても統治されやすい。支配者に従属しやすい。これまでの歴史で、市民が統治権力を覆そうとした大規模な市民革命は一度もない国だ。天皇制は世界で最も古くて伝統のある王朝だというけれど、日本人のこの特性とは決して無関係ではない。

だからこそ矛盾を感じる意識が長続きしない。御真影が最初に各学校に配布されたとき、何で写真にお辞儀をしなくてはいけないのだと思った人はいたかもしれないけれど、いつのまにかそれが当たり前になってしまった。それどころかお辞儀をしない人を見ると、何と不敬な奴だと本気で怒るようになる。

ならばそれは、今の北朝鮮と何も変わらない。

これは帰国してからの話だけど、北朝鮮の一般国民と話はできたのかと、多くの人から何度も質問された。答えはイエス。ガイド（兼通訳）は確かに一緒に行動するけれど、「じゃあここからは好きに行動してください」と言われたことは一度や二度ではない。まあ全部のガイドがそれほど自由に行動させてくれるわけじゃない。僕の場合は、金明哲さんのキャラクターが大きかったのかもしれない。

ただし、話しかけたときの一般国民の表情は、ほぼ一様に硬い。午前8時くらいにカメラを手にして住宅街を一人でうろついたときは、道を行く多くの人に、じっと睨《にら》まれて困った。たぶん彼らは不思議だったのだろう。外国人が一人で街を歩いてはいけないとの規則は確かにあるらしいので、もしも通報されても文句は言えないのだ。

実際に、写真を撮りながら一人で歩いていて拘束されたという外国人は少なくない。このときはあまりに多くの人から睨まれるので、たまりかねて目の前の小さなお店に入った。日本で言えばコンビニのような感じ。お酒や食料などが棚に並んでいて、レジ前の小さな椅子に何人かの男たちが座って雑談している。ハローと声をかけてみたけれど（思わず英語になっていた）、男たちは答えない。じっとこちらを見つめ返すばかりだ。一人の男は人民服のポケットから何かをとりだそうとしている。携帯電話かもしれない。通報するつもりだろうか。これはまずい。少し調子に乗りすぎたかもしれない。あわててバイバイも言わず店を出る。背中に汗をかいている。さらに多くの人の視線を背中に感じながら速足でホテルに戻ると、正面玄関の脇で、金明哲さんがにこにこしながら待っていた。

今の朝鮮（北朝鮮はあくまでも日本の呼びかた）をどう思うかと訊《たず》ねれば、ほとんどの平壌市民は「素晴らしい指導者がいるから安心だ」的なことを言う。

日本にいるときは、そんなニュース映像などを見ながら、無理をして建て前で言っているのだろうなと思っていたけれど、何人もの人に話しかけて実感したことは、彼らは本音でそう思っているということだ（ただし地方についてはわからない）。

意外だった。でもこれも考えたら当たり前。御真影のエピソードを思いだしてほしい。もしもあの時代に日本に来た外国人から「あなたは天皇陛下を尊敬していますか」などと質問されたら、多くの日本人は「当たり前です。陛下は現人神《あらひとがみ》さまなのです」と答えただろうし、「失礼なことを訊《き》くな！」と怒ったかもしれない。

メディアは人の意識を変え、国の形を変える

レストランのカラオケで歌声を披露してくれた給仕の若くて綺麗《きれい》な女性は、マイクを手に、

金正恩最高指導者を称える歌『我々はあなたしか知らない』を歌いながら、感極まったようにぼろぼろ涙を流していた。少なくともそれは演技ではない。僕から見れば、なぜ涙なんて流すのかと不思議だけど、彼女にしてみれば当たり前のことなのだ。

このとき僕は、歌のタイトルを『我々はあなたなんか知らない』と言い間違えて、その場にいた人たちから大笑いされた。給仕の女性もマイクを手にしながら笑っていた。その意味では決して狂信的なわけでもない。でも歌いながら彼女は、本気で感動して泣いていた。演技じゃない。それは見ていてわかる。そして彼女だけではない。多くの人たちが同じだ。

だからやっぱり異常な国だ。あなたはそう思うかもしれない。確かに普通ではない。でも「異常」という言葉をそのまま当てはめて良いのだろうか。

もう一度書くけれど、かつて日本も同じような状況だった。天皇に守られた神の国。だから戦争に負けるはずがない。多くの人はそう信じていた。もしもタイムマシンでその時代に行ったなら、いくらなんでもどうかしていると、今のあなたなら思うはずだ。でも当時は誰もそうは思わなかった。当たり前のことだった。だから今の北朝鮮を見てあきれたり驚いたりするならば、決してそれだけにとどめず、日本とは何が違うのだろうと考えることも大切だ。

少なくとも今の日本は、北朝鮮に比べれば、思想や行動ははるかに自由だ。統治者を批判したからといって刑罰を受けることはない。外国人がひとりで街を歩いても通報されることもない。ならば日本は、戦後に何が変わったのか。

戦争に負けたから？　もちろんそれは大きい。でもそれだけじゃない。戦争に負けたことで体制が大きく変わったから？　もちろんそれも重要。明治期からずっと現人神（この世に人間の姿で現れた神）として日本の統治権力のトップにいた天皇は、戦争に負けた翌年に人間宣言を行い、自分が神であることは（決して明確にではないけれど）否定した。その後に起草された新憲法は、国民主権を高らかに謳《うた》いあげた。民主主義を理念にした。戦争放棄も宣言した。

でも残念ながら、それだけでは国は変わらない。実例がある。ドイツは第一次世界大戦で負けた。二度と戦争ができないようにと莫大《ばくだい》な賠償金を支払わされ、国土も割譲された。さらに当時の世界としては最も民主的とまで謳われたワイマール憲法を公布した。ちなみにワイマール憲法は、その後に制定された諸外国の憲法の模範となった。国民主権も第1条でしっかりと規定している。

でもその後にドイツでは、ヒトラーが国民的なカリスマとなって、ナチス政権が発足する。

つまり一時的には国の形と憲法を変えたけれど、結局は長続きしなかった。
ならば日本の場合には、戦後に何が大きく変わったのか。そして北朝鮮の場合には、何が今も変わっていないのか。

メディアだ。

国の形はその国のメディアによって変わる。人々の意識が変わるからだ。これもあとで詳しく書くけれど、メディアの最も大きな任務は、国家や政府など統治権力を監視することだ。独立宣言を起草した第3代アメリカ大統領トーマス・ジェファーソンは、「新聞なき政府か、あるいは政府なき新聞か、そのいずれを持つべきかの決断を迫られたならば、私は一瞬のためらいもなく後者を選ぶであろう」との言葉を残している。この場合の「新聞」とは「メディア」のこと。つまりメディアが機能しないのなら政府（統治権力）は存続してはいけないと、ジェファーソンは明確に言いきっている。なぜなら権力は必ず腐敗して、そして暴走するからだ。
メディアが健全に機能するならば、政治家たちは隠し事ができなくなる。国の過ちをみんなで検証することもできる。でもメディアがその機能を失えば、政治家たちは汚職や隠し事に耽《ふけ》り、国が誤った判断をしたかどうかもわからなくなる。メディアとはそれほどに重要だ。

少し前までは、北朝鮮の空港に着くと同時に、海外からの乗客たちは携帯電話を税関で取り上げられた。帰るときには返してもらえるけれど、北朝鮮国内にいるときは、ずっと預けていなくてはならない。

今は取り上げることはない。でも持っていても意味がない。北朝鮮国内に入ると同時に、海外から持ち込んだ携帯電話は、まったく繫《つな》がらなくなってしまうのだ。

もちろん国民たちの多くは、携帯電話を持っている。でもそれはあくまでも、国内使用限定だ。海外とは絶対に繫がらない。

ネットも同じ。今回僕はノートパソコンを持っていったけれど、ホテルで接続しても、まったくどこにも繫がらない。ただし設定を変えれば、北朝鮮国内だけでは繫がる。でもその場合も、やっぱり外国とは繫がらない。もちろん国外とのメールの送受信も不可。一切チェックできない。

つまり外国の情報が入らない。

北朝鮮の新聞主要紙は、「労働新聞」や「民主朝鮮」、「朝鮮人民軍」などいくつかあるけれど、それぞれ朝鮮労働党、朝鮮政府、朝鮮人民軍の機関紙だ。テレビ局は朝鮮中央放送など3つだけ。運営は全部、朝鮮中央放送委員会だ。そしてここまで挙げた組織や機関は、すべて国家に帰属している。つまり国営。

あなたも時おり、日本のニュースで見ることがあると思う。スタジオでマイクを前にした女性アナウンサーが強い口調で、「今日、偉大なる金正恩同志が新しい施設を視察されて……」とかしゃべっている番組。あれは朝鮮中央放送だ。

街角や地下鉄の駅構内などに、その日の労働新聞は掲示される。だから多くの人は、そこで新聞を読む。実際にたくさんの人が、いつも掲示の周りにいる。こっそりと一人で住宅街を歩いたとき、僕も人々の肩越しにその新聞を眺めてみた。もちろん書いてある言葉はハングルだからわからないけれど、雰囲気を知りたいと思ったのだ。でも貼りだされた新聞を目にしながら、何となく違和感があった。

ホテルに戻ってから、部屋で労働新聞をチェックして、違和感の理由に気がついた。この新聞には社会面がない。書かれているのは政治の記事ばかり。一面は毎日のように金正恩大将軍が軍の訓練を視察したとか労働党の大会に出席したとかの記事が載る。他の紙面も政治関連ばかり。そしてテレビラジオの番組欄もない。

テレビのニュースも同じ。伝えることは政治関係ばかり。日本のように誰かが誰かを刺したとか、誰かが誰かのお店で暴れたとか、そんなニュースは一切ない。

「どうして新聞やテレビは事件の報道をしないのですか」

金明哲さんに質問すれば、「実際に事件は少ないのです」との答えが返ってきた。まあ確かに。軍人はとてもたくさんいる。警察官も多い。街にはたくさんいる。そんな環境では事件を起こしにくい。でもまったくないわけじゃないはずだ。そう重ねて訊くと、「そんな事件を報道する価値はあるのですか」と訊き返された。

うーん。ここは難しい問題。これについてはあとで考えよう。とにかく北朝鮮国内で暮らしていれば、外国の情報はほとんど入ってこない。たまに新聞やテレビで大きなニュースはやるけれど、それは政府が自分たちの都合がいいように編集してまとめたニュースだ。

だからほとんどの人は知らない。いま世界はどんな状況なのか。どんな問題が起きているのか。自分たちは世界でどんな立場にいるのか。世界からどのように思われているのか。

補足するけれど、アメリカを筆頭にした多くの国（韓国や日本もこの中には入る）から自分たちが批判されたり敵視されたりしていることを、北朝鮮の国民の多くは知っている。でも批判されたり敵視されたりしている理由は、自分たちに非があるのではなく、アメリカや日本が帝国主義であるからだと思っている。

まあそれは、部分的には間違いではないかもしれない。彼らからはそのように見える要素もある。

でもやっぱり部分的だ。こうした緊張関係を生んでいる要因はどちらにあるのか。先軍政治は本当に仕方がないことなのか。そうしたことを考える材料は彼らにはない。メディアが伝えないからだ。

今の北朝鮮は、政治指導者が情報を一手に握って管理統制しているので、世界からは言論の自由・報道の自由がほとんどない国と見なされている。ラジオ、テレビ、新聞は、政府の管理下に置かれているので、政府や朝鮮労働党に都合の悪い情報を、国内に対しては一切報道しない体制になっている。

テレビやラジオでは、ニュース番組の生放送もできないらしい。全部放送前に収録している。なぜなら検閲があるからだ。

だからこそ独裁体制が維持できる。

何度でも書くけれど、これはかつてのこの国も同じだった。だからこそ多くの人は、日の丸の旗を振りながら戦争を応援し、大君（天皇のこと）や国のために死ぬことは当たり前と考え、アメリカやヨーロッパの人たちを「鬼畜米英」と呼びながら、同じ人間ではないのだと考えた。そして実はこのときも、メディア（当時は新聞が主だけど）が果たした役割は大きかった。

メディアは国の形を変える。なぜなら人の意識を変えるから。国を正しい方向に導くこともできるし、とんでもない方向に誘導する場合もある。

ならばかつて、日本のメディアはどのような状況だったのだろう。それを今から考えよう。

第二章　メディアは必要か？

戦争がどのように始まるかを語り継ぐこと

ベルリン自由大学は、ドイツで最も大きな国立大学だ。ごく最近、そこの学生たちと、戦争や平和をテーマにディスカッションをする機会があった。

このときはちょうど夏。だからベルリン自由大学の学生から、「戦争についての日本のメモリアル・デーは8月15日なのですか」と質問があった。つまり終戦記念日。答えはヤー（イエス）。この日には戦争で犠牲になった多くの人を慰霊する式典が日本各地で行われ、テレビでも多くの終戦特別番組が放送される。東京で行われる全国戦没者追悼式には、天皇皇后両陛下と総理大臣が出席して、あの戦争で死んだ市民や兵士たちの魂を慰霊する。

広島と長崎に原爆が落とされた8月6日、8月9日と並び、日本人にとって8月15日の終戦記念日は、決して忘れてはいけないメモリアル・デーだ。

そう説明してから、ならばドイツのメモリアル・デーはいつですか、と僕はベルリン自由大学の学生たちに質問した。「確かベルリンが陥落してヒトラーが自決したのは5月でしたよね。その日がメモリアル・デーになるのかな」

でも学生たちは首を横に振る。

「その日はドイツにとって重要ではありません。私たちのメモリアル・デーは1月27日です」

学生たちはそう言った。でも僕には、それが何の日かわからない。

「その日には何が起きたのですか」

「アウシュビッツ絶滅収容所が連合国によって解放された日です」

そう言ってから、「それと1月30日も、ドイツにとってはナショナル・デーです」と学生たちは続けた。

「それは何の日ですか」

「ヒトラー内閣が誕生した日です」

……少し説明が必要だろう。

1933年1月30日は、強い国家ドイツを復権させようと主張して国民の支持を集め始めていたナチス（国家社会主義ドイツ労働者党）の党首であるアドルフ・ヒトラーが、ヒンデンブルク大統領から首相に任命された日だ。首相就任直後の施政方針演説でヒトラーは、国際協調と平和外交、さらにはワイマール憲法の遵守などを国民に約束したが、直後に起きた国会議事堂炎上事件（１９３３年2月27日夜、ドイツの国会議事堂が放火により炎上した）などを口実に共産党への弾圧を始め、さらに全権委任法（ヒトラーの政府に国会が立法権を委譲した「民族および国家の危難を除去するための法律」）を可決させ、ワイマール憲法や議会を完全に無力化し、これに反対する政治家などを粛清しながら、ナチス一党支配（つまりファシズム）の状況を作り出した。つまりドイツにとって1月30日は、悪夢の時代が始まった日ということになる。

それから12年後の１９４５年1月27日、ポーランドのオシフィエンチウム（ドイツ語でアウシュビッツ）に建設されていたユダヤ人絶滅強制収容所の実態が、侵攻したソ連軍によって明らかになった。これ以前にもドイツ支配地域に存在していた多くの強制収容所が連合国側によって解放されていたが、アウシュビッツの規模は別格だった。

この少し前の撤退の際にドイツ軍は収容所内の多くの施設を破壊していたが、でも解放後の連合国側の調査によって、数十万着の衣服や靴、夥《おびただ》しい数の人骨、そして重量にすれば何トンにもなる人間の毛髪などが見つかった。それらはすべて、ここで殺害されたユダヤ人たちの遺品だった。もちろんこのとき、痩せ衰えた多くの人たちが救出されている。

殺されたユダヤ人の数は数百万人といわれている。こうして人類の歴史においても他に類を見ないほど残虐な戦争犯罪であるホロコーストの実態が、世界に明らかになる。

日本のメモリアルは広島と長崎。つまり被害の記憶だ。そして戦争が終わった日。ドイツのメモリアルは、ナチスドイツが行っていたユダヤ人虐殺。つまり加害の記憶。そして戦争が始まった日。

ほぼ真逆だ。この違いはとても大きい。かつて同じように全体主義国家となって同盟を結んだ日本とドイツは、同じように敗戦国になったけれど、何をメモリアルにするかで、戦後のありかたがまったく変わってくる。

もちろん、戦争の被害を伝え、語り継ぐことはとても重要だ。特にヒロシマとナガサキは、世界で唯一の核兵器の被害の記憶であり、その実態を伝えることが間違っているはずはない。どれほどに凄惨な被害を受けたのか、どれほどに悲惨な状況になったのか、どれほど多くの人が死に、そして苦しんだのか、もっともっと大きな声で世界に伝えるべきだ。

でも戦争は被害だけではない。当たり前だけど加害もある。それも語り継がねばならない。特に加害の場合は、意識的に記憶して語り継ぐ必要がある。なぜならば被害は記憶しやすい。

だって痛いし悔しい。だから殴られたことは誰もが覚えている。ところが加害は記憶しづらい。殴ったことは後ろめたいしいろいろ責められて不都合だからだ。できることなら忘れたい。なかったことにしたい。

でもどちらかひとつだけでは、戦争の本質を語れない。

3D映画をあなたも観たことがあると思う。平面のはずの映像が立体的に見える理由は、右目と左目の見える角度（視差）を利用しているからだ。つまり一面だけではわからない深みや奥行きが、二つの視点が交錯することによって明らかになる。

考えてほしい。なぜ生きものはほぼすべて（昆虫は例外としても）、二つの眼で世界を認識するのだろうか。一つだけでは空間を正しく認識できなくなるからだ。つまり視差が重要なのだ。

戦争の構造だって同じ。一面だけではわからない。加害だけではもちろんダメ。そして被害だけでもダメ。二つの視差が交錯することで、隠されていた部分が見えてくる。見えなかった領域が可視化される。どうしてあんな無謀な戦争が始まったのか。あんなに善良な人がなぜ虐殺に耽《ふけ》ったのか。人はどうしてこれほど残虐になれるのか。どうして早く戦争を止めなかったのか。平面では解けなかった多くの謎が、立体として解を見せるようになる。

被害を記憶することで、人は戦争などもう絶対に起こしたくないと考える。戦争はいやだ。戦争は悲惨だ。戦争は絶対に回避しなくてはならない。

もちろんそれは正しい。でもそれだけでは戦争を回避できない。戦争はいやだ。でも悪い国が私たちの国を攻めてくるかもしれない。だから家族や国を守るために戦おう。戦争は悲惨だ。だから戦争を起こさないために、我々は抑止力を強化しなくてはならない。強い軍隊を持てば、悪い国は攻めてこない。

被害ばかりを記憶すれば、こうした理屈が正しいものに思えてくる。その具体的な例を挙げる。今も自衛を理由にガザ地区に攻撃を続けるイスラエルだ。

イスラエル国民の多くは、3000年以上にわたってヨーロッパの他民族から差別され、迫害されてきたユダヤ人だ。特にキリスト教が広く信仰されるようになった4世紀以降、イエス・キリストを処刑した民族としてキリスト教徒からユダヤ人は忌み嫌われ（実はイエスもユダヤ教徒なのだけど）、さらに激しい迫害を受け続けてきた。

宗教改革の立役者でプロテスタント教会の源流をつくったマルチン・ルターは、ユダヤ教徒への差別と迫害を奨励している。同じころにシェークスピアが発表した『ヴェニスの商人』に登場する強欲で残虐な金貸し商人シャイロックは、典型的なユダヤ人として描かれている。特に東ヨーロッパではユダヤ人への差別と迫害（ポグロム）は苛烈で、多くのユダヤ人がユダヤ人であるという理由だけで虐殺されている。ミュージカルや映画で有名な『屋根の上のバイオリン弾き』（原作はショーレム・アレイヘム）は、ウクライナ地方を舞台に、ユダヤ人であることだけで村を追放される一家の物語だ。

そして20世紀にはナチスドイツによってホロコーストが起きる。最大で600万人が殺された。その後に建国されたイスラエルに集まってきたユダヤ人の多くは、この虐殺の被害者遺族だ。家族や知り合いの多くが殺されている。つまり遺族の国。だからこそイスラエルは被害者意識が強い。自衛を何よりも優先する。

その帰結として、以前からイスラエルに住んでいたパレスチナの民を迫害して虐殺し、これに怒った周辺のアラブ諸国と戦争を何度も繰り返した。しかし圧倒的な軍事力を持つイスラエルに一方的に蹴散らされて、イスラエルとこれを軍事的に支持するアメリカへの憎悪が、アラブ世界に広がった。

こうしてアメリカを標的にした同時多発テロが起きる。その報復としてアメリカはイラクを攻撃し（実はイラクは同時多発テロには関係していなかったのに）、テロは世界に蔓延《まんえん》して、アラブが抱く西欧社会への憎悪はさらに増大する。つまりイエス殺しの歴史が、被害感情と憎悪を紐帯《ちゅうたい》にしながら、現在の悲惨な状況につながっている。
そしてこんなときに大義や理由とされるのは、常に「自衛」なのだ。

戦争が起きるときメディアはストッパーにならない

特に20世紀以降、どこかの国が明確な侵略の意識とともにどこかの国を攻撃して始まった戦争はほとんどない。始まる大義はむしろ自衛だ。どこかの国が我が国を侵略しようとしているから戦うしかない。戦わないことには国が滅ぶ。

こうした意識を背景に戦争は始まる。ナチスドイツの戦争でさえ、第一次世界大戦の敗戦で弱体化したドイツはこのままでは滅んでしまうとの危機をヒトラーが国民に訴えたことで始まった。だから最初のポーランドへの侵攻を、ドイツは東方への生存圏（生きてゆくために必要な領土）確保の戦いであると考えていた。

ちなみにこの時期の日本も、傀儡《かいらい》国家として中国の領土内に作った満州国を手放したくないため、「満蒙《まんもう》は日本の生命線」などと国民に呼びかけていた。生存圏と生命線。意味はほぼ同じ。共通することは、これは侵略ではなくて自衛のためだとの意識だ。

だから大事なことは、戦争の悲惨さや残虐さを記憶して語り継ぐことだけではなく、戦争がどのようにして始まるかを記憶して語り継ぐことだ。「自衛」とか「抑止」など耳障りの良い言葉に騙《だま》されず、被害と加害の双方を記憶し、語り継ぎ、戦争がどのように始まるかのメカニズムを知ることだ。

そしてそのためには、メディアの働きがとても重要になる。

ならば振り返って考えよう。かつてこの国が大きな戦争を起こしたとき、メディアはどのように機能したのだろう。

第二次世界大戦が始まる前、つまり最初に日本の軍隊が中国大陸に侵攻したころは、インターネットはもちろん、テレビもまだ誕生していない。当時のマスメディアの代表は新聞だ。この時代の大手新聞は、朝日新聞と東京日日《とうきょうにちにち》（今の毎日）新聞だった。両紙とも最初は、軍部の大陸進出や拡大方針に対して、どちらかといえば反対の姿勢を示していた。でもそんな報道を続けるうちに、部数がだんだん下がってきた。そこで日日新聞が少しだけ路線を変えて、ちょっとだけ勇ましい記事を書いた。そうしたら部数は急激に上昇した。あわてたのは朝日新聞だ。こちらも少しだけ路線を変えた。中国で戦う兵士たちの勇ましい様子を記事にした。そうしたらまた部数が上がった。これはまずいと日日はあわてた。ならばもっと勇ましい記事を書け。こうしていつのまにか、二つの新聞は競争して、戦争を応援して鼓舞するような記事ばかりを掲載するようになった。やがてこの頃に部数を急激に伸ばしていた読売新聞も、この競争に参入してきた。読売はもっと勇ましかった。だからさらに部数が伸びた。朝日と日日はあわてた。もっと勇ましい記事を書いた。行け行け日本。がんばれ日本の皇軍兵士。

……こうした勇ましい記事によって刺激された国民の大きな支持を受け、軍部はますます力をつけ、メディアに対して検閲や弾圧を始めた。

つまりあの戦争が起きるとき、メディアはまったくストッパーとしての役割を果たさなかった。それどころか（結果的には）悪いのはアジアを植民地にしている欧米であり、日本の戦いはアジアを解放するための正義であり聖戦なのだと、戦争を強く応援した。

こうした現象は、日中戦争や日米戦争が起きる前に始まったわけではない。もっと前からあった。日露戦争が始まる前、日本で最も部数が多い（30万部の時代もあった）新聞は、ジャーナリストで思想家の黒岩涙香《くろいわるいこう》が創刊した万朝報《よろずちょうほう》だった。そして万朝報は、日露戦争が始まる直前までは、日本は戦うべきではないと強く訴えていた。でも戦争が始まってすぐ、世間の風が戦争翼賛へと変わったことを察知した黒岩涙香は、社員だった幸徳秋水《こうとくしゅうすい》や堺利彦《さかいとしひこ》、内村鑑三《うちむらかんぞう》などの反対を押し切って、戦争を支持するスタンスに舵《かじ》を切った。なぜならそのほうが売れるからだ。

こうして日本負けるな的な世相が形成されたころ、幸徳秋水たちは万朝報を見限ってやめたため、部数は少しずつ落ち込んで、やがて万朝報は他の新聞に吸収される。

要約すれば、近代の戦争のほとんどは、メディアが存在していなかったら起こっていなかったかもしれないし、少なくとも展開はずい分変わっていたはずだ。これは日本だけではない。他の国でも同じような現象はあった。

でもならばメディアだけの責任なのだろうか。僕はそうは思わない。もちろんメディアにも大きな責任はあるけれど、それだけでは戦争は起こらない。メディアをこの方向に追い込んだ何かがある。

この話はまたあとで出てくる。それまでに考えてほしい。ヒントはたくさん書いたつもり。悪いのはメディアだけなのか。責任を負うべき存在は他にないのか。

なぜメディアは必要なのか

そもそも「メディア」とは何か。辞書などには、「情報の記録、伝達、保管などに用いられる物や装置のこと。媒介」などと書かれている。このうち「記録と保管」を除いた「伝達」については、「マスコミ」という言葉もよく使われる。マスコミの元の言葉であるマス・コミュニケーションを正確に翻訳すれば、「受信能力を有するすべての人に公開されたコミュニケーション活動」ということになる。だから不特定多数の人を対象に情報を発信する新聞やテレビ、ラジオなどは、「マスコミ」や「マスメディア」などと呼ばれている。

ポスターやチラシ、場合によっては切手やお菓子の袋のパッケージだって、広い意味ではマスコミのひとつだ。そしてメディアでもある。

言葉としてはどちらでもいいけれど、この本では基本的に、「メディア」として統一する。その範囲は新聞とテレビ、ラジオなどのマスコミに加えて、ネットやツイッター、フェイスブックやラインなどのSNSなども含まれる。いや「含まれる」のレベルじゃないかな。ネットやSNSの影響力はとても大きい。

とにかくメディアとは情報を多くの人に伝える装置。具体的には新聞やテレビに映画、ラジオに雑誌や書籍やネット。そう思ってほしい。

なぜメディアは存在しているのか。言い換えれば必要なのか。その理由のひとつは、今の僕たちの生活は、メディアが媒介する情報抜きでは成立しなくなっているからだ。

たとえば中東で戦争が起きる。そうすると原油を輸入しづらくなる。量が少なくなるから、みんなが我先に欲しがる。だから原油の価格が上がる。原油を精製して作るガソリンの値段も上がる。ドライブができなくなるとかのレベルじゃない。燃料代が上がるから、トラックなどで運んでいた国内の商品の流通にかかる経費が上がる。そうすると商品の値段が上がる。原油を材料にしていた製品の値段も上がる。工場でも原油を燃料に使うところでは、製品に値上げの分が上乗せされる。

こうしてありとあらゆるものの値段が上がる。だから生産量は下がる。倒産する会社が増える。あなたの家の生活だって大変になる。こうした現象が世界規模で起こる。

これはほんの一例。世界の経済はネットワークで成り立っている。世界の他の国の経済状況は、日本にも密接に関係している。

あるいはアフリカの一部で未知のウィルスによる伝染病が発症する。もしもメディアがなければ、僕たちはその存在を知ることができない。ならばその伝染病の怖さに気づくこともできない。何らかのルートでウィルスが日本に入ってくるかもしれない。でもメディアがなければ、その恐怖や対処法もわからない。

知らないことのデメリットはたくさんある。いくらでもある。だからこそ遠い国や地域で何が起きているのか。それを知ることは重要だ。

でもメディアが存在している理由はそれだけじゃない。もう一つの理由がある。そしてこの理由のほうが、シンプルだけど実はずっと本質的かもしれない。

メリットやデメリットは関係ない。ただ知るためだ。

今この世界で何が起きているのかを、僕はできるかぎり知りたい。直接の関係がないとしても、知ることで特にメリットはないにしても、知りたいとの気持ちは抑えられない。砂漠の民ベドウィンはどんなお酒を飲んでいるのか。アマゾンの密林で暮らす人たちは雨の日には何をしているのか。マダガスカルに生息する世界最小のカメレオンはどんな虫を食べているのか。オーロラも見たい。サウジアラビアのモスクも見たい。中国の高地に暮らす少数民族の一日を知りたい。

中東の戦争は日本や世界の経済に大きな影響がある。でも経済の関係があってもなくても、多くの人の日々の営みについて、他の国の戦争について、やっぱり僕は知りたい。誰も知り合いはいなくとも、自分とは関係ないとは思えない。

戦争が起きれば、たくさんの人が死ぬ。同じ時代に同じ地球に生まれた人たちだ。できることなら死なせたくない。もしかしたら僕やあなたにもできることがあるかもしれない。今すぐに思いつかないとしても、でも知らなければ考えることもできない。知ったなら考えることができる。知りたい。知って考えたい。考えて動きたい。

戦争だけじゃない。世界には飢餓もある。地震や津波やタイフーンなどの災害だってある。できることならその場に行きたい。行って人々の声を聴きたい。何ができるのかを考えたい。東日本大震災のときは、多くの人が募金したり、ボランティアで現地に足を運んだりした。テレビや新聞で現状を知ったからだ。世界だって同じこと。災害や戦争は日々起きている。ボランティアで現地に行くことは難しいかもしれないけれど、でもきっとできることはあるはずだ。

だからテレビやラジオ、新聞や本、そしてネットは、とても重要だ。

僕たちがこの世界についてイメージを持つとき、メディアはその素材となる情報を提供する媒介となる。媒介がなければ伝わらない。媒介がなければ知ることはできない。

僕たちはメディアから与えられた情報でイメージを作っている

世界についてのイメージ。つまり世界観。それはとても大事なこと。人はそれぞれの世界観を持つ。僕の世界観は僕自身でもある。あなたの世界観もあなた自身でもある。僕やあなたの世界だけではない。人間だけでもない。生きものはすべて独自の世界観を持っている。ドイツの生物学者であるヤーコプ・フォン・ユクスキュルは、１９３４年に発表した『生物から見た世界』で、生きものはすべて、それぞれがそれぞれの感覚器官によって加工した世界を知覚していると主張した。

たとえば人の視覚や聴覚は、一定の周波数の光やヘルツの音しか知覚できない。その範囲は生きものによって違う。コウモリやイルカは、人とは違う音が聴こえている。目がほとんど退化したモグラは真っ暗な地中で、嗅覚と聴覚だけで世界を認識している。哺乳類だけではない。鳥類や爬虫類《はちゅうるい》や両生類、そして虫や魚なども、それぞれ独自の感覚器で独自の世界に生きている。あなたの手の上に一匹のカエルがいるとする。きっとそのカエルには、あな

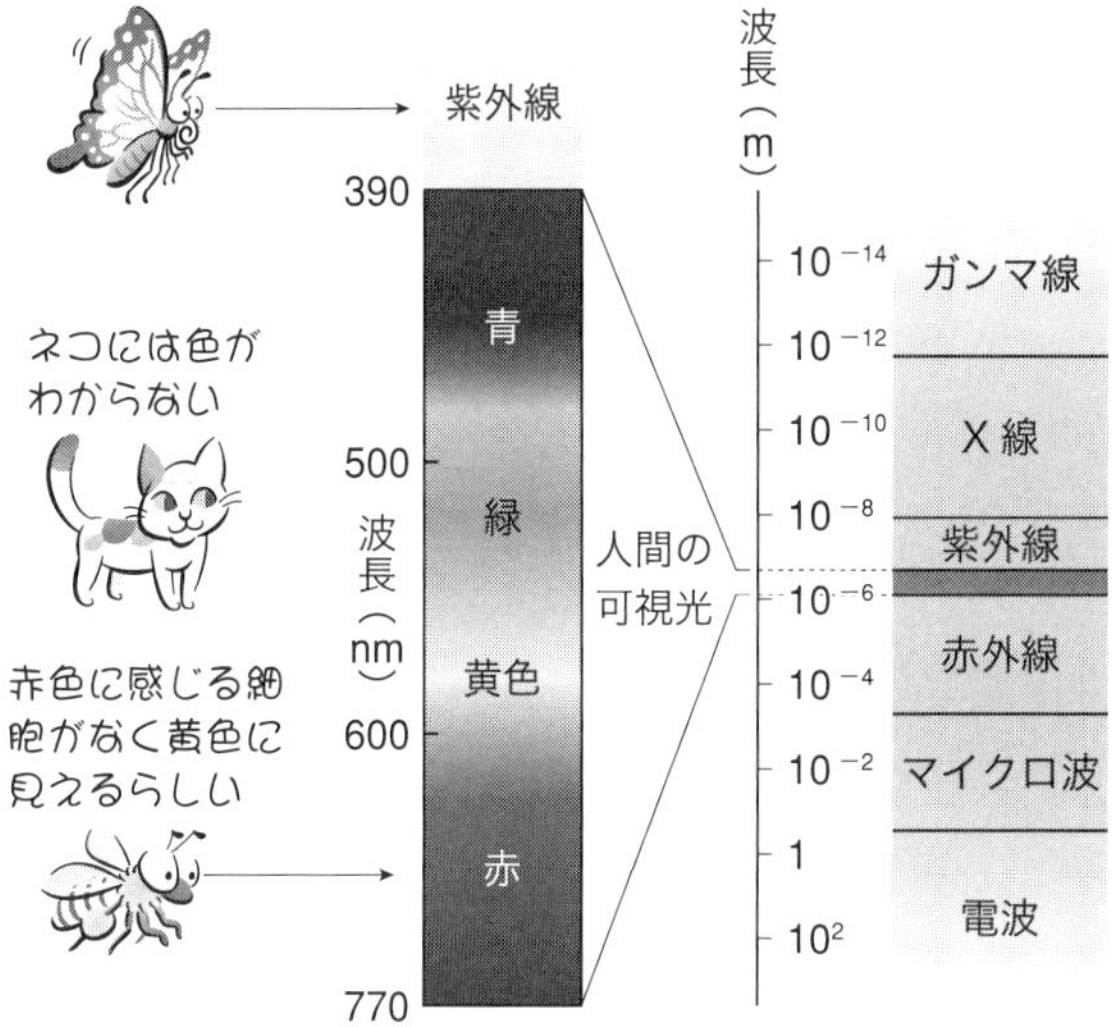

人や動物、昆虫では見え方が違う

たの部屋がまったく違う世界に見えているはずだ。

とても面白い本だ。世界の見方ががらりと変わる。僕は高校時代に読んだ。もしも機会があったらあなたも読んでほしい。書店ではなかなか見つけられないかもしれないけれど、図書館ならきっと置いてある。読むと気づく。僕たちが認識しているこの世界は、あくまでも世界の一面でしかないということを。見たり聞いたりすることの不確かさを。

メディアはよく社会の眼や耳に喩《たと》えられる。でも僕たちの眼と耳は、決して万能ではない。すべて見ているつもりでも、見える光線の波長が少し変わるだけで、まったく違う景色が現れる。聴こえる音の波長が少し変わるだけで、今は聴こえていない音が聴こえたり、聴こえている音が聴こえなくなったりする。

つまり世界は一面ではない。視点によってくるくる変わる。


たとえばアメリカを思い浮かべるとき、イメージは人によって違う。あなたはニューヨークの自由の女神を思い浮かべるかもしれない。あるいは演説しているオバマ大統領。それとも荒野を旅するカウボーイ。あるいはフランスならエッフェル塔。カフェで談笑するお洒落な男女。ブラジルならサッカー。中国なら天安門広場。北朝鮮なら行進する軍隊。アフリカなら広いサバンナと昼寝するライオン。

……他にもたくさんある。ここで気づいてほしい。あなたが思い浮かべたこれらのイメージは、すべてメディアから与えられたものだ。もちろんメディアはいろいろ。例えば新聞。例えばテレビ。例えばネット。写真もあれば動画もある。でも自分の眼で見ないかぎり、これらのイメージはすべてメディアによって知ったこと。

別に国や地域だけじゃない。例えばシーラカンス。例えば宇宙ステーションの中のアストロノーツたちの生活。例えば世界一のお金持ちの邸宅。例えば超豪華船クルーズ内のキッチンの様子。例えば時代劇の撮影現場。例えば料亭で密談する政治家。例えばウミガメの産卵。例えば戦争。

これらの言葉や文章を目にしたとき、あなたはまず映像をイメージするはずだ。ならば今度は、その映像を自分がなぜ知っているかを、もう一度考えてほしい。そのソース（出所や出典）は、テレビの場合が多いはずだ。本や新聞の写真もあるだろう。教科書や映画の場合もあるかもしれない。最近はネットの写真や動画も増えている。

これを言い換えれば、あなたが今持っているこの世界のイメージのほとんどは、テレビや新聞や映画や本やネットなどから与えられた情報で形成されているということになる。

これに対して、例えばあなたの家の夕食や学校の昼休み、マクドナルドのバリュー・セット、家からいちばん近い停留所から発進するバスの後部座席、その車窓から見た街の風景、近所のコンビニのレジのお兄さん、神社の夏祭りなどは、あなたの生活の範囲内にある。だから直接見たり、聞いたり、食べたりすることができる。でも世界は広い。あなたや僕が普段、見たり聞いたりできる範囲だけが世界じゃない。そして見たり聞いたりできない世界については、僕たちはメディアから与えられた情報でイメージを作っている。

でもそれは、あくまでも情報の一部。例えばアフリカ。さっき僕は「広いサバンナと昼寝するライオン」と書いたけれど、それはあくまでもアフリカの情報の一部だ。確かにサバンナもあるし野生動物も多いけれど、近代的なビルがそびえる都市もたくさんある。北朝鮮の軍隊は確かに行進するけれど、首都の平壌《ピョンヤン》にはスケート場もあれば温水プールもあって、多くの市民たちが家族連れではしゃいでいる。

世界観はその人の思想や人格形成に大きな影響を与える。そしてその世界観は、メディアが選んだ情報で成り立っている。

この選択の際にもしもメディアが間違えれば、僕やあなたの世界観に、間違った要素が入ってしまう可能性がある。例えば北朝鮮についての最も大きなイメージが温水プールだとしたら、それはやっぱりちょっと違う。アフリカのイメージが高層ビルだとしたら、やっぱりそれも困る。

もちろん温水プールも高層ビルも、決して嘘《うそ》ではない。実際に存在している。でもそれだけを伝えられても正しくはない。

なぜメディアは情報を選択するのか。すべてを伝えないのか。理由は単純だ。メディアには量的に限界がある。新聞ならば文字数。テレビのニュースならば時間。ツイッターなら文字数140字。

SNS以外のネットには基本的に文字数の制限はないけれど、あまり長いと誰も読まなくなる。もちろん動画も同じ。あまり長いと敬遠される。

メディアは要約する

誰も見たり読んだりしないメディアなら、存在価値を失う。特にテレビや新聞などの商業メディアなら、一人でも多くの人に見てほしいし読んでほしいと考えることは当然だ。別にメディアだけではない。あなただって誰かに何かを伝えるとき、無意識に情報を要約している。たとえば今朝、あなたはコンビニの前で、とてもかわいい子ネコを見たとする。

あなたはそれを誰かに伝える。でもそのとき、子ネコがどんな毛色で、どのくらいの大きさで、どのように啼いていて、そしてどのように動いていたかを、すべて伝えることはしないはずだ。自分がいちばん印象に残った特徴を伝える。あるいは、自分がいちばん伝えたいことを伝える。それは当たり前のこと。

メディアも同じ。すべてを伝えることはできない。アフリカについて伝えるとき、すべての地域の天気や動物の種類や生態、サバンナや都市部に暮らす人たちすべての名前や顔や生活を伝えることはできない。すべての国の政治や経済を、言葉や映像にすることは不可能だ。だって際限がない。

だからメディアは要約する。あるいは視点を選ぶ。そしてこのときに、メディアはまず、「わかりやすさ」を基準に情報を要約し、視点を選ぶ。

要約とは何か。要するに四捨五入だ。0.5以上は切り上げる。0.5未満は切り下げる。ただしこのとき、その数値の判断は伝える側がする。たとえば子ネコの鳴き声についての情報が0.2だとあなたが思ったなら、あなたはそれを誰かに伝えるときに切り捨てる。でもその鳴き声がとても愛らしいとあなたがそのときに思ったなら、鳴き声の情報は0.8になる。ならば切り上げて1.0。伝えるべき要素の一つになる。

補足するが、人が誰かに情報を伝えるとき、いちいち実際に数字を当てはめたりしているわけではない。もっと直感的にこの作業を行っている。数字はあくまでも比喩だ。でもメカニズムは四捨五入とほぼ近いと思ってくれていい。

ここまでは、あなたが誰かに今朝見た子ネコについて伝える話。この原則はメディアも同じ。四捨五入を常に行っている。そしてこのとき、四捨五入をするための基準として、メディアは「わかりやすさ」をとても重要視する。

もちろん「わかりやすさ」は大切だ。同じ情報量と質ならば、「わかりづらい」よりも「わかりやすい」ほうが良いことは当たり前。どちらを選ぶかと訊かれたら、多くの人はわかりやすいほうを選ぶはずだ。特にテレビや新聞などの商業メディアの場合、多くの人に受け入れてもらえなくなることは死活問題だ。業績が悪化する。会社が傾く。だから「わかりやすさ」を最優先する。

僕もテレビ・ディレクターの時代、編集を終えた作品に対して、プロデューサーから「わかりづらいから再編集しろ」とよく指示された。「これ以上は無理ですよ」などと反論しても、「このままでは絶対に放送できない」などと断言される。その後にこう言われたことを覚えている。

「テレビは映画とは違うんだ。わかりづらかったらすぐにチャンネルを替えられてしまう。そしておまえの編集はわかりづらい。余計な情報が多すぎる。もっと整理しろ。話はそれからだ」

ある意味でこのプロデューサーは正しい。映画の場合は、観客は料金を払って席に座る。多少わかりづらくても席を立つことはめったにない。だってお金がもったいない。それに次の予定まで時間が空いてしまう。一人だけ立ち上がって出てゆくのも気が引ける。だからできるだけ最後まで観つづけようとする（ただしその映画が最後までわかりづらければ、その監督の次の作品を観るために劇場に足を運ぶ人の数は減少するだろう）。

でもテレビの場合は、リモコンを手にすれば、一瞬でチャンネルを替えることができる。観る前にお金を払っているわけじゃないから、わかりづらければすぐにチャンネルを替えられてしまう。

テレビだけではない。新聞だって選択できる。何度も読み返さないと意味を把握できない記事ばかりが載っている新聞ならば、販売店に電話して他の新聞に替えることができる。ならば他紙より少しでもわかりやすい記事を書け。そうなってしまうことは当然だ。

だから、「わかりやすさ」をメディアが目標とすることは間違いではない。もう一度書くけれど、あなただって誰かに情報を伝えるときは、この「わかりやすさ」への加工を無意識にやっているのだ。

あなたはコンビニの前で見た子ネコについて誰かに伝えるとき、その啼き声についての情報の価値を0.8にした。でもあなたではない別の誰かだったら、鳴き声についてはあまり関心を示さないかもしれない。その誰かはむしろ、子ネコの愛らしい動きを最優先して伝えるかもしれない。

つまり視点は人によって違う。それはメディアも同じこと。現場にいるのは結局のところ、記者やカメラマンやディレクターだ。彼らは皆、自分の視点で現場から情報を切り取る。そしてそれをわかりやすく整理する。その視点はひとりひとりが違う。もしも現場にあなたがいれば、その記者やカメラマンやディレクターとは違う視点で情報を切り取るはずだし、違う価値観でその情報を整理するだろう。

つまりメディアから伝えられる情報は、その記者やカメラマンやディレクターというフィルターによってろ過された情報なのだ。それは人によって違う。まずはそれを頭に入れてほしい。

ここまではあなたもメディアも同じ。でもここからは少し違う。メディアの要約は、「わかりやすさ」だけを最優先するわけではない。特にテレビや新聞など商業メディアの場合、情報をわかりやすく要約するときに、より「刺激的」で多くの人が好む情報に加工する場合がある。

メディアは情報を加工する

たとえば今ならば、中国の戦闘機が日本の領空すれすれを飛んでいたとき、一部（あるいは多く）のメディアはこれを「ここまできた中国の挑発行為！」とか、「ついに危機的状況！」などと表現する可能性が高い。なぜならばそのほうが「刺激的」で、多くの人の関心を惹《ひ》くからだ。

つまりこのほうが売れる。

かつてこの国で戦争が起きたとき、新聞は結局、戦争を推進する方向に舵を転換した。その理由は（前にも書いたように）そのほうが売れるからだ。

この場合にメディアの四捨五入は、必ずしも「0.5以上は切り上げて0.5未満は切り下げる」との法則どおりではない。現場では0.1と感じたとしても、これは刺激的で多くの人が興味を持つと判断したならば、これを1.0に切り上げてしまう。逆にこれはとても大事なことだと思ったとしても、地味でわかりづらいから多くの人は興味を持たないだろうと判断されたとき、その0.8は切り下げられて、なかったことにされてしまう。

情報は複雑だ。とても多面的で多重的だ。そのすべてを伝えることはできない。だからメディアは情報を加工する。その場合の基本原理は、まずは「わかりやすさ」だ。ところが一人でも多くの人が見たり読んだりすることが売り上げにつながる商業メディアの場合、この加工の際に、より「刺激的」な方向に強調する傾向がある。

しかも時おりメディアは間違える。要するに誤報だ。1991年に起きた湾岸戦争の際に、真っ黒な重油で全身をおおわれた水鳥が黒い波打ち際に立っている映像が、世界中で大きな話題になった。このときはフセイン政権率いるイラク軍がクウェートの石油施設を爆撃したことで、深刻な環境破壊問題が生じているとメディアは伝え、多くの人はイラク軍のこの蛮行に怒り、攻撃もやむなしと考えた。

こうして悪いイラクを征伐することを目的にし

た湾岸戦争は正当化され、アメリカなど多くの国がこの戦争に参加してイラクを攻撃した。でもその後、重油が海に流出した理由は、イラクではなくアメリカの爆撃が原因であることが明らかになった。つまりアメリカ政府の情報操作にメディアが使われたのだ。

このときほとんどのメディアは、この写真が米軍の爆撃機の攻撃によって流出した油にまみれた水鳥なのだとは知らなかった。つまり誤報だ。でもその結果として戦争が始まった。

戦争だけではない。メディアが正しくない情報を伝えたことで社会が間違った判断をする場合は、世界にいくらでもある。

その情報の何が大切なのか。何を優先的に伝えるべきなのか。メディアの仕事は単純に「伝える」だけではなく、「何を伝えるかを考える」ことも重要だ。でも同時にこのとき、メディアは多くの人が好む情報を優先する。さらに情報を加工する。その結果として、情報を与えられた人の世界観が歪《ゆが》む。現実とは違う方向に形成されてしまう。世界観が歪むから、正しい判断ができなくなる。正しい判断ができなくなった多くの人は、「中国が今日明日にも侵略してくる」などと危機感を抱き、「こうなったら戦争をするしかない」とか「自衛のために戦え」などと、さらに刺激的な情報を求めるようになる。別に戦争だけではない。もっと些細なことでも、やっぱり世界観が歪んだり、判断にミスするような事態は困る。

せっかくこの世界に生まれてきたのだ。だから世界をちゃんと知りたい。間違った世界を知りたくない。正しい世界を知りたい。いろんな人の喜びや悲しみ、絶望や希望、怒りや嘆き、優しさや豊かさ。それらを僕はちゃんと知りたい。正確に知らなければ、自分ができることを考えることもできなくなる。

1　メディアは世界を知るうえで不可欠な存在だ。
2　ただしメディアが提供する情報はひとつの視点でしかない。なぜなら情報すべてを伝えることは不可能だ。
3　だからメディアは情報を四捨五入する。わかりやすくするために。
4　でもこの四捨五入の際に、メディアの多くは、多くの人が興味を持つ方向に情報を加工したり強調したりする。
5　その結果として多くの人の世界観が、正しくない方向に誘導される。

多くの人の世界観がメディアによって誘導される。これをプロパガンダという。日本語にすれば宣伝。

プロパガンダという言葉を悪い意味に使う人は少なくないけれど、でも宣伝と考えれば、これはメディアの本質なのだと気づくはずだ。テレビのCMはその商品のプロパガンダだ。ピカソの「ゲルニカ」（ナチスによって空爆を受けたスペイン北部バスク州のゲルニカを主題に描いた絵画）だって、スペイン内乱についてのピカソのプロパガンダだし、ベートーヴェンの「交響曲第九番」（シラーの詩「歓喜に寄す」に感動し作った曲）は、人類や信仰についてのベートーヴェンのプロパガンダだ。放送されるドラマやドキュメンタリーだって、結局はそれを作った人のプロパガンダということになる。

もちろんあなたが今読んでいるこの本だって、メディアやその影響について考える森達也のプロパガンダだ。

だからプロパガンダであることを問題視しても意味はない。大切なことは、そのプロパガンダが、人々を正しい方向に導くのか、それとも間違った方向に誘うかの判断だ。

この判断をするためには、メディアの特性を知らなければいけない。人々はどのようにメディアから影響を受けるのか、そしてメディアはなぜそのように情報を選択するのか、そうした知識も必要になる。メディアの歴史を知ることも重要だ。

これがメディア・リテラシー。つまり第三章のタイトル。難しいことではない。そして何よりも、とても重要なことだ。メディア・リテラシーが足りないがゆえの間違いは、歴史的にたくさんある。とても深刻な間違いだ。そして今もたくさんある。日々起きていると言ってもいい。

第三章　メディア・リテラシーとは？

「リテラシー」の意味は識字。要するに字を読んだり書いたりする能力のこと。そこにメディアがくっつくと、「メディアの伝える情報を批判的に判断・活用し、それを通じてコミュニケーションを行う能力」（広辞苑《こうじえん》）という意味になる。もう少し噛《か》み砕けば、一般的に「メディア・リテラシー」の意味は、「メディアを批判的に読み解く」とか「メディアを主体的に活用する」などと説明されることが多い。

この場合の「批判的に」の意味は、何でもかんでも信じ込まないで、いろんな視点から考えることと解釈すればいい。そして「主体的に」の意味は、情報をそのままメディアから受け取るだけじゃなくて、メディアが伝えようとする情報に対して、いろんな推理や想像力を受け取る側も働かせるということになる。

つまりどちらも、意味することはほぼ同じだ。ぱくりと呑《の》みこむだけじゃなくて、しっかりと噛むこと。もぐもぐ。そして味をよく分析すること。ぺろぺろ。さらに考えること。いろんな視点から考え、想像力を働かせるためには、一方的に情報を与えられるだけでなく、メディアの仕組みを知ることで、情報の足りないところや余計なところを考えたり想像したりすることができる。具体的に何が足りなくて何が余計なのかを知ることはできなくとも、足りなかったり余計だったりする何かがあることを知りながらメディアに接すれば、間違った世界観を持ってしまう危険性はかなり少なくなる。

つまりメディア・リテラシーは、正しい世界観を構築するために、ひとりひとりがメディアを有効に活用するためのメソッド（方法）だ。

ところで、ここまで読んだところで、リテラシーの意味は、「字を読んだり書いたりする能力のこと」であることに、ちょっと変だぞって思ってほしい。だってメディアは新聞や本だけじゃない。テレビやラジオ、そしてネットの動画などがある。読むだけではなく、見たり聴いたりする要素も重要だ。ところがリテラシーの意味は読み書き。映像を見たり音声を聴いたりするという要素が入っていない。なぜだろう。不思議だ。そう思ってほしい。

ちょっともったいぶった書きかたをしている理由は、こうした「違和感」を常に持つことが、メディアを「批判的に」「主体的に」受け取ることにつながるから。だから考えてほしい。

なぜリテラシーには、「見る」や「聴く」がないのだろう？　その答えはとても単純。テレビやラジオは、とても新しいメディアだから。

言われると「なーんだ」と思うかもしれない。でも世の中って実は、「言われるとなーんだ」がけっこう多い。

文字の歴史はとても古い。紀元前3300年ころのメソポタミア文明の遺跡で、絵文字を刻んだ粘土板が発掘されている。同じころの中国にも、文字らしきものはあったようだ。紀元前3000年ころのエジプトでは、ヒエログリフと呼ばれる象形文字が使われていた。

今のところこのあたりが、世界最古の文字と呼ばれている。でも遺跡が見つかっていないだけで、文字の発祥はもっと古いかもしれない。とにかく文字の歴史は、人類の文明が発祥するころとほぼ同時期（あるいはもっと前）と思ってよい。ならば「リテラシー」という言葉も、当然ながらテレビやラジオが誕生する前からあったことになる。だから「リテラシー」には「読み書き」の意味しかない。当たり前といえば当たり前だ。

文明の発祥とともにあった文字は、やがて大きな転機を迎える。15世紀、ドイツのグーテンベルクが活版印刷の技術を発明した。ルネサンスの三大発明のひとつだ（ただし11世紀の中国でも、すでに活字を並べた組版による印刷は行われていたようだ）。いずれにせよ活版印刷は、とても重要な発明だった。なぜならこの技術によって、それまではごく一部の特権階級の独占物だった書籍が、広く大量に普及するようになったからだ。世界で初めての新聞が刷られたのもこのころだ。

こうしたメディア状況が、19世紀末に大きく変わる。1895年、シネマトグラフという撮影と映写の機能を併せ持つ装置を発明したリュミエール兄弟が、パリで自分たちが撮った映画を上映する。世界で初めての上映会だ。ただし映画といっても、兄弟が経営する工場や家族の食事の様子などの短い映像ばかりだったけれど、会場に足を運んだ人たちにとっては、スクリーンに映る光景は信じられないものだった。

汽車がカメラに（つまり観客席に）向って走ってくる様子を撮った作品の上映の際は、ほとんどの観客が大あわてで会場から逃げだしたというエピソードがある（都市伝説との説もあるけれど）。まるでコントのようだけど、でも考えたら当たり前だ。もしあなたが生まれて初めて目の前のスクリーンに映し出された映像を観たとしたら、やっぱり同じようにあわてるはずだ。

この上映会は大きな話題となって、シネマトグラフは世界中に広がった。日本だって例外じゃない。リュミエール兄弟が初めて映画を上映してからたった二年後に、浅草の劇場では「活動写真」というネーミングで、シネマトグラフを使った上映が行われていたほどだ。

当時はまだ飛行機もない。海を渡るための移動手段は船だけだ。そう考えれば、シネマトグラフがいかに驚異的な早さで伝播したかを実感できると思う。パリから遠く離れた日本で上映会が行われたということは、同じころには世界中で上映会が行われていたということでもある。

こうして映画は、庶民の娯楽として定着する。ラジオが誕生したのは、映画より少し遅れて1900年。カナダの電気技術者であるレジナルド・フェッセンデンが、距離1マイルの音声送受信に成功した。1920年にはアメリカのピッツバーグで、初めての商業放送が行われ、これもまた、映画と同様に世界中の話題となり、日本でもすぐに実験放送が行われ、1925年にはNHKの前身である東京放送局が開局した。

つまり映像（映画）と通信（ラジオ）という二つの媒体は、1920年代後半には、ほぼ世界中に広がっていた。だからここで考えてほしい。なぜ当時の人たちは、これほどに映画とラジオに大きく反応した（言い換えれば強く求めた）のだろうか。

これもまた、答えを聞けば「なーんだ」と思うはず。19世紀末から20世紀初頭にかけての時代、義務教育制度は、まだほとんどの国で定着していなかった。つまりこの時期の世界では、文字を読めるような高等教育を受けた人は、ほんの一握りであることが普通だった。だからこそ印刷された書籍や新聞は、大衆にとって意味を持たなかった。つまり、人類はこの時代にまだマスメディアを獲得していなかったのだ。

ところが映画とラジオは、字を読めない人でもわかる。字を知らなくても、映像を観ることはできるし、話を聞くことはできる。リテラシー（読み書き能力）を必要としない。誰もが楽しめる。誰もが理解できる。

だから映画とラジオは、人類の歴史において初めてのマスメディアとして、世界中に広がった。その驚きと影響力は、大きい。そしてその結果、世界は画期的に変わることになる。

マスメディアが誕生したことで、より良く変わったことはたくさんある。でも悪いこともたくさんあった。変化とはそういうもの。あなたはダーウィンを知っているだろうか。チャールズ・ダーウィン。19世紀のイギリスの自然科学者だ。彼は生きものの進化を、突然変異で生じたいろいろな変化のうち、環境に適合した変化が子孫に伝えられて起きることを発見した。変化はいいこともあれば悪いこともある。そして進化論によれば、悪い変化は淘汰《とうた》される。

でも映画とラジオによって起きた悪い変化は、とても大きな悲劇を長期にわたって人類にもたらした。ファシズムの誕生だ。

国家がメディアをコントロールするとどうなるか

映画とラジオが世界中に広がりつつある1920年から30年代にかけて、世界はとても緊迫した状況を迎えかけていた。まずはスペイン、次にイタリアとドイツ、そして日本などで、ほぼ同時多発的にファシズムが生まれ、周辺の国を脅威に陥れていたからだ。

ファシズムは日本語では全体主義。その多くは、民主主義や議会政治を否定して、一党独裁の形式が多く、市民社会の自由を極度に抑圧する。対外的には他国への侵略思想に結びつきやすいことが特色で、指導者に対する絶対的な服従と、他民族蔑視、さらに政策に反対する者に対する過酷な弾圧も、よく見られる傾向だ。

とここまで読んだところで、第一章に書いた北朝鮮を思い出してほしい。一党独裁で指導者に対する絶対的な服従など、ファシズム国家の特徴を北朝鮮はとてもよく現している。

ただしファシズムの形は、国や時代によって微妙に違う。でもすべてに共通することは、国家がメディアをコントロールするからこそ維持できる政治体制であるということだ。この状況において、メディアは国家を監視する機能を果たすことができない（トマス・ジェファーソンの言葉を思い起こしてほしい）。だからこそこの時代に、ファシズムは同時多発的に歴史に誕生した。実はこれ以前、ファシズムという政治形態は歴史に存在していない。

ファシズムとメディアの関係については、ナチスドイツが典型だ。独裁者となったアドルフ・ヒトラーの指示のもとに、ナチス党は国民啓蒙《けいもう》・宣伝省を作り、ヨゼフ・ゲッベルスというジャーナリスト志望だった軍人を、その大臣に任命した。メディアを使って、特定の政治的な思想や考え方を宣伝することを、政治的なプロパガンダという。映像と音声メディアだけではない。本や新聞、あるいは街のあちこちに貼られたポスターなどもプロパガンダの道具になる。

でも識字能力（読み書き）を要求しない映画とラジオは、それまでとは比べものにならない規模のプロパガンダを可能にした。この新しいメディアと、新聞やポスターなどの旧《ふる》いメディアを縦横無尽に組み合わせながら、ゲッベルスは国民に対して、政治的なプロパガンダを行った。

その結果、第一次世界大戦の莫大《ばくだい》な補償に加えて、世界恐慌の直撃で貧苦に喘《あえ》いでいたドイツの国民は、熱狂的にヒトラーとナチスを支持して、ドイツはファシズム国家へとなってゆく。戦争だけではない。ナチスはドイツ国民のルーツとされていたアーリア民族は世界で最も優秀な民族であるとして、ユダヤ人を迫害し、さらに殺戮《さつりく》した。これがホロコーストだ。

全世界で6000万人という膨大な犠牲者をだした第二次世界大戦は、1945年に終了した。ヒトラーやゲッベルスは自殺したけれど、残されたナチスドイツの幹部たちは、連合国側が主催するニュルンベルク裁判で裁かれた。かつてヒトラーから後継者の指名を受けていたナチスの最高幹部ヘルマン・ゲーリングは、「なぜドイツはあれほどに無謀な戦争を始めたのか」との裁判官の問いに、以下のように答えている。

「もちろん、一般の国民は戦争を望みません。ソ連でもイギリスでもアメリカでも、そしてドイツでもそれは同じです。でも指導者にとって、戦争を起こすことはそれほど難しくありません。国民にむかって、我々は今、攻撃されかけているのだと危機を煽《あお》り、平和主義者に対しては、愛国心が欠けていると非難すればよいのです。このやりかたは、どんな国でも有効です」

「戦争屋」と多くの人から呼ばれていたゲーリングは、この裁判で死刑判決を受けたあとに、拘置所で青酸カリを飲んで自殺した。彼のこの証言は、戦争がなぜ起きるかの本質を、とても的確に表している。

一般の国民に対しては、「あの国が攻めてくるぞ」とか「この国は危ないぞ」などと不安や危機を煽り、そして「戦争反対！」などとデモを行う平和主義者に対しては非難するだけでいい。なぜならこの状態になれば、多くの国民たちが政権と一緒になって平和主義者を非難して迫害する。だから平和主義者たちも徐々に沈黙する。仲間外れになりたくはないからだ。場合によっては非国民として弾圧される。実はこのプロセスは、ドイツだけではなく、イタリアや日本にも共通する。

そしてこのとき、不安や危機を煽るためには、そして平和主義者を非難するためには、媒体が必要となる。つまりメディアだ。

ナチスはホロコーストで、500〜600万人といわれる膨大な数のユダヤ人を虐殺した。それは歴史的事実だ。これほどの蛮行ができた理由は、1930年代のドイツに、たまたま残虐で凶暴な国民ばかりがいたからではない。そんなことはありえない。ナチスの将校やドイツ兵士たちも、一人ひとりはよき家庭人であり、両親思いの息子であり、喜怒哀楽のある当たり前の人たちだった。

でも人は、集団になったとき、時おりとんでもない過ちを犯してしまう。集団に自分の意思を預けてしまう。これも歴史的事実。そして人が持つそんな負の属性が駆動するとき、つまり集団が暴走するとき、メディアはこれ以上ないほどの潤滑油となる。特に、字を読む必要がない映像や通信メディアは、悲しみや喜び、怒りや憎しみなど、人の感情的な部分をとても強く刺激する。

もちろん、活字メディアにだってこの危険性はある。明治政府が国民の教育に熱心だった日本の場合、文字を読める人の割合が、世界の平均よりは少しだけ高かった。映画やラジオが戦争推進に大きな役割を果たしたことは事実だけど、新聞も多くの人に読まれていた。そしてこの新聞が、「今戦争を起こさなければ自分たちは滅んでしまう」との読者の危機意識を刺激した。だから当時の日本国民は、陸軍の大陸進出を熱狂的に応援した。

当初は戦争に反対していた新聞がなぜ戦争賛成の方向に舵《かじ》を切ったかについても考えよう。第二章を思い出してほしい。戦争に反対するような記事ばかりを載せていると、部数が落ちたからだ。

メディアは怖い。使い方を誤ると……

つまりメディアをコントロールしていたのは、結局のところこの社会（情報の受け手）の側だと言える。要するに僕であり、あなたなのだ。

イタリアとドイツと日本は降伏し、第二次世界大戦が終わり、枢軸国体制は消滅した。本来なら映画とラジオは戦犯として裁かれるべきだった。でもさすがに人格がないから裁けない。それどころか映画とラジオは戦後に融合した。

テレビジョンだ。

映像が付加された通信。あるいは通信機能が付加された映像。いずれにしても当時のメディア状況を考えれば、テレビは圧倒的な存在感を示していた。

こうしてテレビを中心に据えたプロパガンダは戦後も続く。ソ連を中心とした共産主義陣営とアメリカを中心とした自由主義陣営とが対立した冷戦期は、それぞれの国家が自国民に対して、様々なプロパガンダを行った。例えばアメリカは、ソ連がいかに危険な国で社会主義が害悪であるかを国民に訴え、片やソ連も、アメリカは危険な国で自由主義は人々を堕落させると自国民に訴えた。

やがて冷戦は終わった。でもプロパガンダの時代は続いている。決して過去形じゃない。今もまだ続いているし、これからもずっと続くだろう。

戦後から60年が過ぎて、テレビは凄まじく進化した。今あなたは、家にいながら世界の反対側でこの瞬間起きていることを、実際の映像として見ることができる。リュミエール兄弟が初めてパリで上映会を行ったとき、汽車の映像に観客がパニックになった頃を考えれば、まるで夢のような進化だ。しかも今はこのメディア状況に、さらに強力なネットという媒体までが加わっている。

だからこそ注意してほしい。考えてほしい。メディアは怖い。なぜなら使い方を誤ると、たくさんの人が死ぬ。メディアの情報を何の疑いもなくそのまま受け入れてしまうと、人を殺し、そして自分も殺されることになる状況を呼び寄せてしまう可能性がある。

人はそこまで愚かじゃないと言う人もいる。僕もそう思いたい。同じ過ちを繰り返すはずがないと。でも歴史はこれを証明している。メディアによって危機を煽られたとき、人は簡単に思考を停止してしまう。普通だったらとてもできないようなことを、いとも簡単にやってしまう。この原稿を書いている今現在も、世界では多くの戦争や内紛状態が続いている。多くの人が苦しみながら助けを求めている。

人は同じ過ちをくりかえさないと信じたいけれど、どうやらそうではないようだ。しかもメディアそのものは、かつてとは比較にならないほどに進化している。つまり、より巧妙なプロパガンダが、やる気になれば簡単にできる。

ここでちょっとまとめる。メディア・リテラシーはなぜ必要か。誰の役に立つのか。もしもあなたが、そんな疑問を持つのなら、こう考えてほしい。

誰かのためじゃない。僕のためだ。あなたのためだ。あなたとあなたの家族、そしてこの地球に生きているすべての人のためだ。

この項の最後に、宣伝相に就任したゲッベルスに、ヒトラーが言ったという有名な言葉を引用する。読み終えてから考えてほしい。これは遠い国で遠い昔にとんでもない指導者が言った言葉なのだろうか。だからもう考える必要はないのだろうか。今のこの国や世界と、まったく関係のない言葉だろうか。

「青少年に、判断力や批判力を与える必要はない。彼らには、自動車、オートバイ、美しいスター、刺激的な音楽、流行の服、そして仲間に対する競争意識だけを与えてやればよい。青少年から思考力を奪い、指導者の命令に対する服従心のみを植え付けるべきだ。国家や社会、指導者を批判するものに対して、動物的な憎悪を抱かせるようにせよ。少数派や異端者は悪だと思いこませせよ。みんな同じことを考えるようにせよ。みんなと同じように考えないものは、国家の敵だと思いこませるのだ」

メディアのせいで間違った世界観を持つかもしれない――〈袴田事件〉のこと

メディアは、僕らが間違った世界観を持ってしまう危険性を持っている。新聞も書籍もテレビも、その可能性がある。

その代表例は戦争。あるいは虐殺。もちろんそれだけではない。もうひとつ例を挙げる。これはあなたも知っているかもしれない。袴田《はかまだ》事件だ。

事件の発端は、今からおよそ50年近く前の1966年だ。静岡県清水市（現静岡市清水区）にあった味噌《みそ》製造会社専務の自宅が放火され、さらにその焼跡から、専務の家族4人の他殺死体が発見された。静岡県警はこの会社の従業員で元プロボクサーだった袴田巖《はかまだいわお》さんを逮捕して、袴田さんは裁判で死刑が確定した。でも袴田さんは、自分は犯人ではないとずっと冤罪《えんざい》を訴え続けていた。

2014年3月27日、静岡地裁は裁判の再審を決定し、さらに死刑及び拘置の執行停止を決めた。

再審開始の情報は、拘置所から半世紀ぶりに出てきた袴田さんの映像と並んでテレビや新聞などでも大きく報道されたから、あなたもきっと見たり読んだりしていると思う。

そもそもひどい事件だった。有罪の決め手は袴田さんの自供だけど、何人もの取り調べ担当の刑事たちから殴る蹴るなど拷問に近い取り調べを何日も受け続けて、自分が犯人ですとの自供を強要されたことがわかっている。さらにその自白によれば、袴田さんは犯行時にパジャマを着ていたはずだが、4人を殺害したなら当然付着しているはずの血痕がほとんどない。ところが裁判が始まって一年後、突然警察は犯行時に着ていたとする5点の衣服を現場付近で発見したとして証拠提出したが、今度は袴田さんの身体のサイズにまったく合わない。でも裁判所は、このサイズの合わない服を袴田さんが犯人であるとの証拠として採用して有罪判決を下した。他にも犯行に使ったとされる凶器や犯行後の逃亡ルートもまったく不自然で、警察と検察が証拠を捏造《ねつぞう》し、裁判所が正当な判断を放棄したと思われても仕方がないレベルだった。

取り調べの時点では、もしも有罪となった場合、家族4人を殺害しているから、刑罰が死刑になることは予想できた。もちろん担当刑事たちも、それは充分にわかっていた。わかりながら、袴田さんが犯人であるとの証拠を捏造した。ならば刑事や検察官たちがやったことは、殺人未遂に匹敵する。

今回は袴田さんが釈放されたことで多くのメディアは、警察の取り調べや裁判の矛盾を報道した。でもいまさらだ。矛盾があまりに多すぎることは、以前からわかっていたこと。でも国民の多くは知らなかった。新聞やテレビなどのマスメディアが大きく報道しなかったからだ。

この原稿を書いている時点では、再審の日時はまだ決まっていない。だから結局はまた有罪にされる可能性もないとはいえない。ただしその可能性は低いだろう。あまりにひどい裁判だったことを、国民のほとんどが知ってしまったから。

この事件について重要なことは、どうしてこれほどにありえない捜査と裁判が認められてしまったのかを考えること。もちろん警察や検察、そして死刑判決を下した裁判所は論外だ。でも袴田さんを死刑に追い込んだのは警察や裁判所だけではない。

メディアだ。

例えば袴田さんが任意同行で取り調べを受けたことを報じた1966年8月18日付けの毎日新聞紙面は、記事の見出しがいきなり「不敵なうす笑い」で始まっている。本文を以下に引用する。

奪った金は二十万余円という。この金ほしさに、働き盛りの夫妻と将来ある中学生の長男、高校生の二女をまるで虫けらのように殺している。心理学者の言葉を借りれば『良心不在、情操欠乏の動物型』とでもいうのだろうが、動物にも愛情はある。その片りんを持ち合わせていないのだから、「悪魔のような」とはこんな人間をいうのだろう。（略）袴田はとても常人のモノサシではかりしれない異常性格者である。残虐な手口、状況証拠をつきつけられても、ガンとして二十日間も口を割らなかったしぶとさ。（略）彼の特色といえば、情操が欠け、一片の良心も持ち合わせていないが、知能だけは正常に発達していることである。

（毎日新聞静岡支局長　佐々木武雄）

事件について何も知識がないとき、自分がこの記事を読んだら、袴田さんに対してどんな意識を持つだろうと想像してほしい。「状況証拠をつきつけられても、ガンとして二十日間も口を割らなかったしぶとさ」と佐々木支局長は書いているが、実際にやっていないのだから口を割れるはずがない。ところが犯行をなかなか認めなければ、「情操が欠け、一片の良心も持ち合わせていない」などと断定される。

念を押すが、この記者は実際に袴田さんに取材したわけではないはずだ。すべて警察からのリーク情報。でもここまで断定する。何よりも最大の問題は、袴田さんが犯人だと最初から決めつけていることだ。

あるいは9月8日付けの紙面では、「袴田を追って70日　人情刑事に降参　自供引き出す森田デカ長」の見出しで、この取材に関わった記者たちの座談会が大きく掲載されている。

A　森田部長刑事は、しんみり相手の側に立って、ものをきく人柄なので、がん強な袴田も、人間の心を取り戻したのではないか。（略）
○　逮捕前の袴田の行動はどうだったのか。
E　捜査本部では袴田に連日二人の刑事をつけ徹底的に身辺捜査をやった。しかし彼は刑事をからかうように尾行をまいたり、張り込みを終わって帰る刑事に高笑いを浴びせるなど捜査陣を甘く見ていた。（略）
D　逮捕後はさすがにガックリしたんじゃないの。
B　とんでもない。逮捕された夜から寝返りもしないほどよく眠るし、食欲も盛んだったらしい。

C　ふつうは一晩の「ブタ箱生活」でまいってしまうのだが、彼は「パジャマの血は俺の血だ」と平然とウソを言うし、取調官が「お前以外の血が付いているんだ」と問いつめても、「だれかがなすりつけたんだろう」とうそぶいていた。

この記事で記者Cは、「『パジャマの血は俺の血だ』と平然とウソを言うし」と発言しているけれど、今ではこれが事実だったことがわかっている。ウソをついていたのはむしろ、自供を引き出すために「お前以外の血が付いているんだ」と問いつめた取調官のほうだ。

◯　袴田の泣きどころはどこだったのだろう。

H　頭ごなしに言うと反抗する性格だから取り調べの段階ではおだてたり、すかしたりしたやり方が成功して自供までこぎつけたのではないか。（略）

◯　長期捜査で捜査員も調官もクタクタのようだね。

A　事件発生からかかりっきりの捜査員六十人は、炎天下ついに一日も休まなかったし、クタクタの「午前さま」でみんな歯を食いしばってやっていた。心臓の悪い沢口本部長も毎日午前三時か四時帰宅。松本警部が「二十年間刑事をやっているが、こんなしたたかものははじめてだ」と嘆くのも、もっともだと思う。袴田にかけた捜査の執念が不眠不休捜査になったのだ。

ありもしない証拠を捏造しながら拷問に近い取り調べで袴田さんを有罪に追い込んだ警察をここまで称賛する。書き写しながら本当にため息が出るけれど、こうした報道によって、「警察がんばれ！」「袴田を許すな！」との世相が形成されたことは間違いない。

そんな世相を背景に、（本当は潔白な人が犯罪者とされてしまう）冤罪が正当化されてしまう。罪のない人が罪人に仕立て上げられる。場合によっては死刑判決を受けて殺される。

ここでは毎日新聞だけを例に挙げたけれど、この時期は他紙も、ほぼ同じような記事を掲載していた。その根源にあるのは、警察や検察などの捜査機関とメディアが癒着しているからだ。なぜなら情報を持っているのは警察や検察だ。メディアはそこから情報をもらう。警察官や検察官たちの機嫌を損ねたら記事が書けなくなる。だから批判できない。この構造は今もほとんど変わっていない。

ならば今も僕たちは気づかないままに、同じような記事を読んでいるのかもしれない。そ

袴田に死刑判決
否認のまま　清水の四人殺し

うす笑いを浮かべて法廷にはいる袴田被告（左）

1968年9月11日毎日新聞夕刊

してまったく身に覚えのない罪で容疑者や被告人にされた人が絶望の声をあげているのかもしれない。

ちなみに一審で死刑判決が下されたときの毎日新聞（68年9月11日）の記事の見出しは、「袴田に死刑判決」。そして法廷へ入る袴田さんを撮った写真のキャプションには、「うす笑いを浮べて法廷にはいる袴田被告」と書かれている。

その記事をこのページに掲載した。だからもう一度書く。こうした記事を目にしたとき、あるいはテレビのニュースを見たとき、自分はこの裁判や袴田さんに対して、どんな心情を抱くかを想像してほしい。もしかしたら冤罪の可能性があるかもしれないなとか、捜査や取り調べに問題はないのだろうか、などと思いつくことができるだろうか。この人がこの後にほぼ半世紀にわたって自由を拘束されて、それから出所される日が来るなど、誰が予想できるだろうか。

メディアによって犯人にされる⁉――〈松本サリン事件〉のこと

あなたは「推定無罪原則」という言葉を聞いたことはあるだろうか。意味は「何人《なんぴと》も有罪と宣告されるまでは無罪と推定される」ということ。刑事裁判における立証責任の所在を示す原則でもある。これをもう少しわかりやすく書けば、「検察官が被告人の有罪を完全に証明しないかぎり、被告人には無罪判決が下されなければならない」という原則だ。「疑わしきは被告人の利益に」とか「疑わしきは罰せず」などの慣用句もある。これは近代司法の基本原則だ。

ここまでを読んで、当たり前だとあなたは思うかもしれない。確かに当たり前。でもこの当たり前のルールが、今はとても揺らいでいる。

そもそも刑事裁判についてあなたは、検察側と弁護士（被告）側がそれぞれの主張を法廷で展開し、時には論戦し、最後に裁判官が判決を下すというイメージで捉えていると思う。でも実際は少し違う。検察官はまず最初に、被告人が有罪であることを合理的に証明しなければならない。もしそれができないのなら、どんなに被告人が怪しい要素を持っていたとしても、無罪として扱うべきであるとの原則だ。

この原則は法廷の中だけで有効なのではない。国際人権規約にも定められているが、法治国家であるならば、法廷の外においても同じように守られねばならない。つまり裁判で有罪が確定するまでは、被告や容疑者を有罪であるかのように報道すべきではない。これが広義の無罪推定原則だ。

でも袴田さん逮捕や取り調べの記事を検証すれば、日本のメディアがこの原則をまったく守っていないことは明らかだ。そしてそれは今もほとんど変わっていない。

逮捕された段階では、まだ容疑者だ。要するに疑いがある人。それから起訴されて裁判となった段階で、容疑者は被告人となる。この段階でも、被告人が犯人かどうかはわからない。裁判の判決が確定したとき、初めて被告人の有罪が証明される。ならばそれまでは、無罪であるとの推定のもとに扱われねばならないのだ。

でも袴田さんが逮捕されてまだ裁判も始まっていない段階で新聞は、「まるで虫けらのように殺している」とか「悪魔のように」などと書いている。

さすがに今は、これほどひどくはないと思う。でも無罪推定原則が守られていない現状は、実のところほとんど変わっていない。なぜならこの原則を本当に守ろうとすれば、容疑者や被告人の名前などの情報を出すべきではないとの考えに至るのだ（これを匿名報道という）。だって名前や住所や仕事先を報道されただけで、すでに多くの不利益が生じる。

しかし読者や視聴者は、その事件に関心が強ければ強いほど、顔写真や名前や住所を知りたがる。これはある意味で仕方がない。野次馬的好奇心は人間の本能に近い。

だから日本のメディアは、容疑者や被告人の名前や顔写真を報道する（これは実名報道）。例えば誰かが誰かを刺して怪我をさせたという事件が報道されるとき、犯人の名前や顔写真は、未成年であるとかの事情がないかぎりは、報道されることが一般的だ。きっと今まであなたは、そんな状況にまったく違和感を持ってこなかったと思う。

でもメディアが容疑者や被告人の名前や顔写真を出さない国は、実のところ決して少なくない。北欧はほぼ匿名報道だ。あるいはすぐお隣の韓国も、メディアは一応容疑者の姓だけは出すけれど、韓国では同じ姓の人がとても多いから、姓だけではどこの誰と特定できないのだ。つまりこれも匿名報道といえる。

なぜ日本のメディアは実名を出すのか。最大の理由は、匿名よりも実名のほうが売れるからだ。身も蓋もないけれど、これが日本のメディアの現状だ。もちろん記者やディレクターの中には、実名ではなく匿名で報道すべきではないかと悩んでいる人はいる。でも他のメディアが名前や顔写真を晒《さら》している現状において、自分たちだけが伏せても意味はないし、さらに視聴率や部数が下がることは目に見えている。だからこの国では実名報道が続いている。

第一章で書いたように、北朝鮮の新聞やテレビでは、事件報道がほとんどない。そんな報道に何の価値があるのですかと訊《き》き返されたとき、僕は思わず絶句してしまった。確かにそうなのだ。海外の多くの国に比べて日本の報道は、誰かが誰かを刺したとか刺されたとかの事件報道の比重が、とても大きい（でもまったくないというのも極端だけど）。

袴田さんが逮捕されたとき、メディアはその名前や顔を伏せるどころか、こいつが犯人だ的な報道をくりかえした。だから世相も袴田さんが犯人であることを疑わない。だから警察や検察は強気になり、世論に負けた裁判所は有罪判決を下す。

こうして犯人が作られる。そのときに匿名報道であれば被害は最小限に済ませることができるけれど、実名報道の場合は、本人だけではなく家族や知人にも迷惑をかける。

そんな事例は他にもたくさんある。もうひとつ有名な事件を挙げる。１９９４年、オウム真理教による松本サリン事件が起きたときは、よりによって被害者である河野《こうの》義行《よしゆき》さんが犯人とされかけた。

そもそもは早く犯人を捕まえなければいけないと焦った長野県警が、河野さんを重要参考人としたことがきっかけだ。重要参考人の本来の意味は、「事件について重要な何かを知っているかもしれない人」。でも今ではこの言葉の意味は、「おそらく犯人と思われる人」になっている。なぜ長野県警は河野さんを重要参考人にしたのか。理由は彼が事件後の第一通報者だったことと、自宅に大量の薬物が保管されていたからだ。

事件発生の翌日、長野県警は河野さんの家を、「被疑者不詳のまま家宅捜索した」と発表する。まずはこれが大きな過ちだ。でもこれを聞いたテレビや新聞は一斉に、河野さんが犯人であるかのような報道を始めた。たとえば6月29日の朝日新聞の見出しには、「松本のガス中毒　会社員宅から薬品押収　農薬調合に失敗か」と書かれている。そして同日の毎日新聞は、「第一通報者宅を捜索　薬品類を押収　調合「間違えた」」などが見出しになっている。

これを読めば誰だって、この第一通報者の会社員、つまり河野さんが、毒ガスを作ったと思うだろう。新聞だけじゃない。テレビも当然のようにトップニュースだ。内容はやっぱり、河野さんが犯人であるかのような報道だった。

第一通報者宅を捜索

松本のガス中毒死

調合「間違えた」

救急隊に話す

薬品類を押収

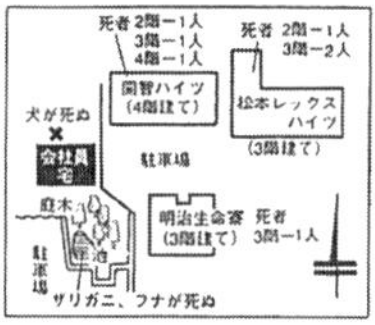

松本のガス中毒

会社員宅から薬品押収

農薬調合に失敗か

(上)1994年6月29日毎日新聞
(左)同日の朝日新聞

複数のメディアが、サリンで被害を受けた河野さんが病院に運ばれる際に、「自宅で除草剤を作ろうとして調合に失敗した」と話していたと報じた。これはまったく事実無根。河野さんはそんなことは言っていない。また少し調べさえすれば、農薬や除草剤の材料からサリンなど作れないことはすぐわかる。でもメディアはそんな最低限の検証すら怠った。河野さんを「毒ガス男」と呼び、『毒ガス事件発生源の怪奇家系図』という見出しの記事で、河野家の家系図を掲載した週刊誌もあった。

念を押すが、河野さんは一度も逮捕されていない。つまり容疑者ですらない。ところがメディアはほぼすべて、河野さんが犯人であるかのように報道した。

結局河野さんが犯人であるかのような報道は、オウム真理教の信者たちがサリンを撒《ま》いた真犯人であると判明する翌年まで、およそ半年間にわたって続いた。そのあいだ河野さんは、報道によって河野さんが犯人だと思い込んだたくさんの見知らぬ人たちから、嫌がらせの電話や脅迫までされながら、自分は無罪であると必死に訴えていた。

実のところこれは珍しいことじゃない。なぜなら警察や検察などの捜査機関は人だからだ。

確かに彼らは捜査のプロだけど、人であるかぎりは、必ず過ちを犯す。

そしてメディアも、捜査機関以上に過ちを犯す。袴田さんや河野さんの場合は、潔白であることが明らかになったけれど（正確には袴田さんは、これから再審が始まるからまだだけど）、同じようなケースで犯罪人とされてしまった人は、他にもたくさんいる。

警察は間違える。なぜなら人だから。そしてメディアも間違える。やっぱり人だから。この項の最後は、疑いが晴れた後に河野さんが事件について語ったことを引用して終わる。

マスコミが〝河野が犯人である〟との予断、結論というものを先にもち、それを補強する材料を探してつけていく。そして、誰もが〝河野が犯人である〟と思うような記事をつくっていく。こういうパターンは昔から変わっていない手法だと思います。

いつの間にか、いろんな新聞や週刊誌を見ている人が、〝犯人はこいつしかいないんだ〟という確信をもってしまうようになります。そして、会ったこともない人が〝あいつが犯人だ〟〝警察はなんで逮捕しないんだ〟というような世論ができあがっていきます。

この世論が、まさに冤罪をつくる要素の一つなのです。この事件で、私がことあるごとに訴えてきたことは、冤罪の加担者にならないでほしい、ということです。マスコミはすべて事実の報道をしているわけではない。情報操作された報道もたくさんあります。そういうことをふまえて、自分で判断して読んでほしいと思います。そうしないと、報道被害というものが起こってくるのです。

（『松本サリン事件報道の罪と罰』河野義行／浅野健一　著）

第四章　映像メディアを理解しよう

テレビの副作用

まず質問。あなたは一日何時間テレビを観るだろう。

２００５年度にフランスで発表された統計によると、日本人が一日にテレビを観る時間は5時間1分で、世界で最もテレビを見る時間が長いらしい。世界の平均は3時間とちょっと。ちなみにこのときの二位はアメリカで4時間46分だ。

これはもう10年近く前のデータだ。今はもう少し短くなっていると思う。ＮＨＫ放送文化研究所や広告代理店などの最近の調査では、平均で3時間から4時間くらいのあいだのようだ。

ただしこれは平均だから、観る人はもっと観る。どちらかといえば年配層に多いようだが、起きている時間のうち半分以上は、テレビを観ているという人も少なくない。

仮にテレビを観る時間が3時間半だとしても、起きている時間のほぼ4分の1だ。これは長い。一日に新聞を3時間半読む人はそういない。本だって毎日3時間半読むのは大変だ。ただしこの3時間半には、誰も見ていないけれど、ただ何となく画面がついているという時間も入っている。テレビはこの、「ただ何となく」ができるメディアだ。家族や友人たちとおしゃべりをしたり、何かを食べたりしながら見ることができる。新聞や雑誌はそうはいかない（忙しいお父さんは、朝食をとりながら新聞を読むかもしれないけれど）。

時間だけじゃない。テレビを観る人の数はとても多い。例えば視聴率1%は、関東地区において16万7600世帯が見たという計算になる。これは個人視聴率では、39万7940人を意味する。視聴率20%の番組は、関東地方だけでも800万人近い人が見たことになる。関東地方の人口は日本全体のおよそ3分の1。ならば全国ネットの番組で視聴率20%は、日本全体で2400万人の人が見たという計算になる。

2400万人。もの凄い数だ。メディアは他にたくさんあるけれど、少なくともマーケット（市場）に関するかぎり、テレビの規模は圧倒的に他のメディアを引き離している。まったく別のメディアと言い換えてもいいくらいだ。

たとえば本の場合、もしも100万部売れたら大ベストセラーだ。でもこれもテレビの20%の24分の1。しかも100万部を達成する本は年に一回出るか出ないかくらいだけど、テレビはほぼ毎日だ。新聞と比べれば、世界一の発行部数といわれる読売新聞でも、部数は1000万部だから、2400万人の半分以下だ。

とにかく規模としてテレビは桁外れ。しかも「ただ何となく」見ることができるメディアなのに、影響力はとても強い。

たとえばグルメ番組。何となく観ているうちに、番組で紹介されたラーメンとか回転寿司とかを猛然と食べたくなったという体験は、きっとあなたにもあるはずだ。テレビで紹介されたことで、潰《つぶ》れかけていたラーメン屋さんとかが急に大繁盛したという話もよく耳にする。実際にテレビの宣伝効果は大きい。もちろん新聞や本にもそんな作用はあるけれど、少なくともテレビの比ではない。特に食欲など生理的な感覚は、映像メディアによって大きな刺激を受ける。活字で「美味《おい》しい」とか「舌にとろける」とか「まったりと」などといくら書いても、アツアツのラーメンそのものをタレントが食べる映像にはかなわない。

それだけじゃない。テレビは見る側と画面の中に映っている人や場所との距離を縮める。僕の知り合いの大学の先生は、街でよく知らない人から、「何やってるのよ、こんなところで?」といきなり話しかけられることがよくあると笑っていた。話しかけてきた人はテレビで彼を何度も見ているから、まるで昔からの知り合いのような気分になっているらしい。

テレビの正式名称はテレビジョン。tale（遠く）とvision（見る）の合成語だ。遠くのものを見ることができる。それは確かに便利だ。でも遠くばかりを見ているうちに、距離感がわからなくなる。遠くなのにすぐ近くのように錯覚してしまう。だから他人も何となく知人のような感覚になる。それがテレビ。

要するにいつも望遠鏡を目に当てているようなものだ。確かに遠くの景色はよく見えるけれど、あまり夢中になると足もとの小石につまずいてしまう。これがテレビ。とても便利だけど、でも影響力があまりに強いから、副作用もたくさんある。

若い世代のテレビ離れは進んでいるとよく聞くけれど、それを引いてもテレビはやっぱりまだまだ圧倒的な影響力を持つメディアだ。

視聴する人の数が多くて、見る時間が長い。要するにマーケットが圧倒的だ。でもそれだけじゃない。テレビの影響力が強い最大の理由は、テレビが映像であるからだ。

映像の情報量は、活字に比べれば比較にならないくらいにとても多い。たとえば今あなたは、ある家族の日常をテーマにしたドキュメンタリー番組を観ているとする。家族全員がリビングに集まって夕食を食べているシーンだ。画面の中にはお父さんとお母さんがいる。子供たちもいる。お爺さんやお婆さんもいるかもしれない。家族は間近に迫った子供の運動会のことを話題にしながら、楽しそうにすき焼きを食べている。時間にすれば30秒ほどだ。

たったこれだけのシーンだけど、ここにはとてもたくさんの情報が含まれている。まずは会話によって展開するストーリー。これは普通の見方。でも画面に登場するおじいちゃんやおばあちゃんと近い世代なら、見ながらふと、「おやおや、あんな堅そうなお漬け物を、あのおじいちゃんはよくパリパリと食べられるなあ」と思うかもしれない。牛肉を包んでいる紙の値札に気づいて、「グラム300円ならまずまずの質の肉だな」などと思う人もいるかもしれない。100円ショップを愛好している人ならば、テーブルの上の茶碗や皿の半分以上が100円ショップの製品だと気づくかもしれない。インテリアを仕事にしている人ならば、リビングの内装に興味を持つかもしれないし、BGMに使われた音楽に心を奪われる人だっているかもしれない。

視点を少しだけ変えれば、画面からはいろいろな情報が現れる。活字メディアの場合はこうはいかない。情報として提示できるのは会話と、多少の状況描写くらいだ。おじいちゃんがお漬物をかじる音、牛肉を包んでいる紙に付いている値札、食卓に載っている茶碗や皿の色や質感、部屋の家具や調度品の描写までは普通はしない。そこまで書き込むと大変なことになる。でも映像はそれができる。

圧倒的な情報量と影響力を持っている。だからこそ映像メディアが歴史に登場した20世紀は、映像の世紀と呼ばれている。

つまり映像メディア（特にテレビ）を理解することは、メディア・リテラシーにおいてはとても重要な要素だ。


いまこの文章を書いている僕自身は、かつてテレビメディアの人間だった。テレビの仕事を10年ほどやってから、映画を作り、その後は本を書くことが多くなった。でも今も、テレビから引退したつもりはない。

初めての映画『A』を作ったのは1998年。自主制作（製作や配給などのすべてを、自分たちでやる）ドキュメンタリー映画だった。警察とメディアによって被害者であるはずの河野義行さんが犯人のように扱われた松本サリン事件の翌年である1995年、オウム真理教の信者たちは東京の地下鉄車両内でサリン事件を起こす。河野さんが潔白であることが、これによって完全に証明される。松本でサリンを撒《ま》いたのも、オウム真理教の信者たちだった。

『A』は松本や地下鉄でサリンを撒いてたくさんの人を殺害したオウム真理教の信者を被写

体にしたドキュメンタリーだ。

実はこの映画は、最初はテレビで番組として、もっと短い作品として放送する予定だった。でも「オウム真理教の信者を絶対的な悪であることを強調して描け」との上層部の指示に、どうしても納得できなかった僕は、結果的に当時所属していた番組制作会社との契約を破棄されることになる。つまりクビだ。

地下鉄サリン事件が起きた直後の日本のメディアは、まさしくオウム一色だった。新聞は毎日一面で事件の推移を伝え、号外はしょっちゅう出る。雑誌も毎週のようにオウム特集で、増刊号もたくさん出た。テレビはレギュラー番組の放送を休止して、朝から晩までオウム一色。それも1週間や2週間じゃない。何カ月もそんな状態が続いていた。

この頃のメディアは、とても危険な宗教団体としてオウムを描いていた。確かに事件それ自体は凶悪そのものだ。でも、打ち合わせのためにオウム施設を訪れたとき、そこで出会った大勢のオウム信者は、一人残らず善良で、優しくて、気弱そうな人たちだった。僕は混乱した。世間ではマインドコントロールされた凶悪な殺人集団と思われている彼らは、殺生を固く禁じられ、世界の平和を本気で願う人たちだった。

だから上層部の、「絶対悪としてオウムを描け」との指示に、僕はどうしても従えなかった。特にテレビを筆頭とした他のほとんどのメディアのように、凶暴な殺人集団がやった史上最悪の事件としてだけ報じるならば、事件の本質には辿り着けない。優しくて善良で純粋な彼らが、なぜあれほどに凶悪で狂暴な事件を起こしたのか、それを考えるべきだと思ったのだ。

でも結果として、僕は「オウムを擁護する危険なディレクター」として、番組制作会社から契約を解除された。他局のプロデューサーにも素材を見せて相談したけれど、一人として「うちでやろう」とは言ってくれなかった。テレビでこの作品を形にすることは難しい。それで仕方なく自主制作映画にした。予算がないからプロのカメラマンを頼むことができない。だから自分でカメラを回した。編集も音楽も自分でやった。自ら選んだことじゃない。他にどうしようもないから仕方なくだ。でもテレビから離れてこの映画を作る過程で、僕はとてもたくさんの体験をした。そしてとてもたくさんのことに気がついた。

ニュースの順番を考えているのは誰？

それまで僕は、テレビ報道にとっていちばん大切なことは、「公正中立」だと考えていた。

公正であること、そして中立であることが、メディアの何よりも重要な基本だと考えていた。先輩たちからもそう教えられた。

でもオウムの施設の中で、たった一人でカメラを回しながら、僕は自分のこの思い込みが、とんでもない勘ちがいだったことを知る。メディアには他にも、いくつかの大事な約束がある。たとえば客観的であることだ。

公正中立であると同時に客観的であること。これを言い換えれば、個人の感情や思いなどは排除することということになる。でもそんなことは不可能だ。

テレビでは毎日、ニュースが放送される。夜だけでも、テレビ朝日系列なら報道ステーション。TBS系列ならニュース23。日本テレビ系列ならNEWS ZERO。フジテレビ系列ならニュースJAPAN。NHKはニュース7にニュースウオッチ9。各地のローカル局は、これらのニュースに地元のニュースをミックスする。

一度あなたに試してもらいたいことがある。たいしたことじゃない。DVDレコーダーを使って、同じ日のニュースをいくつか録画して、見比べてほしいのだ。もしも録画が面倒なら、9時から始まるニュースウオッチ9、9時54分から始まる報道ステーション、そして11時30分から始まるニュースJAPANなどと、いくつかのニュース番組を続けて観てほしい。

ニュース番組の場合、いちばん最初に、その日の出来事でいちばん重要だと番組のスタッフたちが考えるニュースが放送される。どんなニュース番組でもこれは変わらない。

まずはその順番をチェックしてみよう。トップニュースは各局一緒だろうか？　その次のニュースは？　そしてまた次は？

表にしてみればもっとわかりやすいかもしれない。できれば一日だけでなく、何度か続けてほしい。

たぶん何度も比べるうちに、違いがわかってくるはずだ。ＴＢＳではトップニュースなのに、フジテレビでは三番目か四番目の小さなニュースだったり、テレビ朝日では小さな扱いながらも報道したのに、同じ日の日本テレビではまったく報道しないニュースもあるかもしれない。

これを長く続ければ、それぞれの放送局が考えるニュースの価値、あるいは今起きている問題の優先順位などがわかってくるけれど、今回はそこまでやる必要はない。放送局によって、ニュースの順番、つまり価値観が違うことがわかれば充分だ。

同じことは新聞にも言える。朝日新聞と読売新聞、産経新聞と毎日新聞、そして東京近郊に住んでいるのなら、是非ここに東京新聞も入れて、一面の記事を比べてみよう。新聞の一面は、テレビのニュースで言えばトップニュース。でもこれも、新聞によってずいぶん違う。その違いはテレビよりもはっきりしているはずだ。

ここで考えてほしい。それぞれの放送局、それぞれの新聞社によって、ニュースの価値はずいぶん違う。ならばたまたま夜のニュースの時間にNHKのチャンネルに合わせたか、フジテレビのチャンネルに合わせたかで、あなたの今日一日の世界観は、ずいぶんと変ってしまう可能性がある。

たった一日とはいえ、その日に自分が受けた情報によって形作られる世界観を僕は大事にしたい。たまたまつけたチャンネルによってあっさりと変わってしまうような、そんな浅いものであってほしくない。

もちろんこれは新聞も同じ。というか日本の新聞はほとんどが宅配制度だから（実はこれは世界でも珍しい）、朝日新聞を読む人は、ほぼ毎日、朝日新聞を読んでいるし、産経新聞をとっている人は、ほぼ毎日、産経新聞を読んでいる。もちろん毎日新聞を読んでいる人は、ほぼ毎日、毎日新聞を読んでいる（ややこしい）。

放送局や新聞社によって、ニュースの価値は変わってしまうことをあなたは知った。ならば次に考えてほしい。そのニュースの順番、つまりニュースの価値を決めているのは誰だろう？

それぞれの放送局に、コンピュータが内蔵されたニュース価値測定器があって、それがニュースの価値を決めているわけではもちろんない。第二章で僕は、メディアがなぜ間違えるかを書いた。思いだしてほしい。

ニュースの価値を決めているのは、報道局や社会部のプロデューサーやデスク、あるいはディレクターや記者たちだ。


つまり人。


人であるからには、当然ながら感情がある。好き嫌いもある。あなたはどう？　もしもあなたが記者かディレクターなら、自民党の代議士が脇見運転で交通事故を起こした事件と、秋田県の山中で熊に人が襲われた事件の、どちらのほうが大きな事件と考えるかな。

たぶん人によって違うと思う。それはそうだ。興味や関心の方向や大きさは人によって違う。そこには客観的な規準などない。ある程度のデータや、その事件によって社会が受ける影響とかの予測はできる。だからある程度までは客観的な価値付けは可能だけど、これも絶対ではない。結局のところ、何が大切な情報で何が不要な情報かを決めるのは、最終的には人なのだ。

ニュースの価値や情報を決めるのは、客観的な基準やデータだけではなく、たまたまそのニュースを担当した人の感情や嗜好も大きく働いている。この「感情や嗜好」は、「主観」と言い換えることもできる。客観の反対。つまりテレビのニュースや新聞の記事は、何を報道するかしないか、何をニュースにするかしないかを決めるその段階で、もう客観的などというレベルではない。

テレビは世界の複雑さを再構成して簡略化する

次にテレビ・ニュースの中身を考える。具体的な例を挙げるのがいちばんわかりやすい。何にしようかな。

今日未明、中央自動車道の談合坂《だんごうざか》インター付近で、乱闘があり、被害者の青年は病院に運ばれましたが重態です。加害者である森達也（25歳）は所属する暴走族の集会に立ち寄った帰りに、談合坂インターで小さな子ネコを見つけ、拾って帰ろうとしたところ、その様子を見ていた飯田幸一さん（21歳）と、どっちが子ネコを持って帰るかで喧嘩《けんか》になり、最後にはそれぞれの乗用車とバイクで、高速道路上でカーチェイスを繰り広げ、飯田さんの運転するオートバイに森が運転する乗用車は故意に接触し、飯田さんは頭部挫傷の大怪我を負いました。加害者である森は、通報を聞いてかけつけた山梨県警に現行犯逮捕され、現在取り調べを受けています。

とまあ、こんな事件があったとする。ないか。こんな事件。まあ細かいところはいいや。山梨県警の記者クラブから連絡を受けて、ニュースの取材班はまず現場に急ぎ、周囲の様子や、タイヤがスリップした跡とか、激突したバイクの炎上で焦げたガードレールとかを撮り、次に容疑者が勤めていた職場に行って上司や同僚に話を聞き、さらに、被害者の家まで行って家族や近所の人のインタビューを撮ったりする。次に警察署まで行って、容疑者が取り調べを受けていると思われる部屋の窓を外から撮る。できれば喧嘩のもとになった子ネコも撮りたい。ところが誰かが持ち帰ったのか、どうしても見つからない。困った。ならば仕方がない。局に戻れば資料映像という便利なものがある。

撮り終えたら放送局のスタッフルームに戻る。カメラマンの仕事はここまで。次の現場が待っている。ディレクターの仕事はまだ終わらない。これから映像の編集という大作業がある。ナレーションの長さに合わせて、撮ってきた映像を繋がなくてはならない。プロデューサーから与えられた尺（時間のこと）は40秒だ。

最初のカットはどうしようか。ディレクターは考えながら、今日撮ってきた映像をもう一度チェックする（現場に行ったディレクターと編集を担当する人が、別な場合もよくある。今回のケースは同じ人にした）。よし決めた。最初の5秒は、国道を我がもの顔に走る暴走族の資料映像を使う。仔ネコの資料映像にしようかと迷ったのだが、ニュースとしては容疑者が事件直前に立ち寄っていたという暴走族の集会をイメージさせたほうが、インパクトがあると判断したのだ。

次に事故の現場。生々しいスリップ跡。目撃者の証言。被害者の家族のインタビュー。警察署前の様子。これでちょうど40秒。よし編集終わり。子ネコの映像を使わなかったから、喧嘩の理由に触れることができなくなった。まあこの尺では仕方がない。普段から喧嘩ばかりしている奴らだ。子ネコの情報はそのイメージに水を差す。省略していいだろう。放送まであと3時間。急がなくちゃ。

プロデューサーのチェックを受けてOKをもらえれば、ナレーションを録音したり、効果音を挿入したり、テロップを入れたりする。ナレーションは記者が書く場合もあるし、編集したディレクターが自分で書く場合もある。ニュース番組ではなくワイドショーならば、構成作家（放送番組のナレーション原稿や台本を書く人）というポジションの人が書くこともある。BGMとして使用する音楽は音効さん（映像に合わせて音楽や効果音などの音響効果制作をする人）に決めてもらう。2時間が過ぎた。放送まで1時間。

番組放送直前には、待機していたキャスターも入れてプレビュー（事前に見ること）して、そこで問題がなければ、作業はすべて終了。プロデューサーやキャスターからダメだしされることがあれば、あわててスタジオに戻って再編集だ。時間はない。タイムレースだ。やっとぎりぎり間に合った。とにかくこうしてニュースは放送される。


最初のカットで、国道を我がもの顔に走る暴走族の映像を使ったから、彼らとそこに所属していた加害者の凶暴な一面が強調された。もし子ネコの資料映像から始めていたら、ニュース全体の印象は、ずいぶんと違うものになっただろう。

さらにこのディレクターは、被害者の家族や友人たちの「面倒見のいいやつでした」とか「挨拶をきちんとする青年でした」などのインタビューを使ったけれど、加害者の職場の同僚や上司のインタビューは使わなかった。「以前からいろいろ問題がある奴でした」とでも言ってくれれば使ったかもしれないが、「普段は真面目ないい奴です」というコメントで被害者の家族や友人たちのコメントとあまり変わらなかったので、迷うことなくカットした。その代わり、悔しさを訴える被害者の家族のインタビューをたっぷりと使ったから、視聴者にもその悔しさや怒りは伝わるに違いない。

もし最初のカットに子ネコの映像を使い、被害者の家族や友人だけでなく、加害者の職場の同僚や上司のコメントを使っていたら、たぶんニュースの印象は、ずいぶんと違うものになっていただろう。

① 暴走族の資料映像→事故の現場→被害者家族のコメント→被害者友人などのコメント→加害者が取り調べを受けている警察署前

② 愛らしい子ネコの資料映像→事故の現場→被害者家族のコメント→加害者友人などのコメント→加害者が取り調べを受けている警察署前

①と②の違いは二つのカットだけ。でも視聴者が受ける印象はずいぶん違う。念を押しておきたいけれど、どっちも嘘《うそ》ではない。どちらも事実だ。加害者は、走るオートバイを車で追跡しながら、事故を起こすことを予測して幅寄せするような無茶な男だ。でも同時に、寒さに震えている子ネコを見捨ててはおけないような、優しいところもある。

どちらを採用しても嘘ではない。でも視聴者が受ける印象はまったく違う。絶対に許せない凶暴な男なのか、やったことは許せないけれど情状酌量の余地があると思われるのか、この差は大きい。たった二つのカットが違うだけで。

世界は複雑だ。事象や現象は単純ではないし、一面だけでもない。でもテレビ・ニュースに代表されるメディアは、その複雑さを再構成して簡略化する。「残酷だけど優しいところもある」では、短いニュースでは焦点が絞りきれなくなるからだ。数字で言えば0か1。端数は四捨五入してしまう。

なぜならそのほうが、事件はわかりやすくなる。事件がわかりづらいと、見ているほうは不安になる。だから視聴者は結論がはっきりしているニュースのほうを好む。つまり視聴率が上がる。だからテレビは、事件をわかりやすく剪定《せんてい》する。チョキチョキ。この枝は邪魔だ。切っちゃえ。この葉っぱも要らない。チョキチョキ。実際の植木屋さんと違うところは、枝を伸ばしたり葉っぱを多くしたりすることもできることだ。こうして作業は終わり。とてもわかりやすくてすっきりしたニュースができあがる。

情報は作られる

もしも「それはずいぶんひどすぎませんか」とあなたから質問されたら、「ある意味で仕方がないのです」と僕は答える。なぜならテレビ局は（NHKを別にして）営利企業だ。つまり営利（利益）を求めることを目的にした組織だ。大勢の人が見てくれるなら、スポンサー企業から支払われる広告料が上がる。ならばそれだけ利益が大きくなる。視聴率が下がれば、広告料は下がる。だから利益は小さくなる。

利益が大きくなれば、社員一人ひとりの給料も上がる。給料が上がれば、社員たちの家族も美味しいものを食べることができるようになる。

家族に楽をさせたい。美味しいものを食べさせたい。たまには旅行に連れてゆきたい。そう願うお父さんの気持ちを、誰が否定できるだろうか。僕はできない。僕はそれほど立派ではない。何よりかつて僕も、同じようなことをやっていた。それに給料が上がるか下がるかの問題だけではなく、もし会社の利益が少なくなれば、取材の経費もカットされるかもしれない。犯人の実家まで行って周辺を取材したいと希望を伝えても、経費を節約しなくてはならないから、今回は地方出張をあきらめろと言われるかもしれない。ならば充分な取材や報道ができなくなる。

それに尺の問題もある。このニュースに与えられた時間は40秒しかないのだ。すべてを伝えることなど不可能だ。

もう一度言う。ある意味で仕方がない。でもその結果として、ニュースはわかりやすいストーリーに再構成されてしまう。①の例で言えば、「凶悪な加害者」というイメージが強調される。それを見た国民の多くが重い罰を与えるべきだと思えば、それは裁判にも影響する。子ネコの映像から始まる②のパターンで放送すれば10年の懲役ですんだものが、15年の懲役という判決が出るかもしれない。加害者家族は家から引越しをしなければならなくなるかもしれない。これが殺人事件の場合は、報道の影響力で無期刑相当のはずが死刑判決になってしまうかもしれない。そもそも裁判は報道や世相などに影響されてはいけないのだけど、でも最近はそうでもない。実際にそういう事例はある。ニュースはそれほどに大きな影響力を持つ。人の一生を左右する。

情報はつくられる。それは事実。これを回避することはできない。この「つくられる過程」で、視聴率や部数を上げるために、刺激的でインパクトの強い要素は強調され、刺激が足りない要素は排除されてしまう。ある意味で仕方がないけれど、でもあくまでも「ある意味で」だ。特に最近は、刺激的で扇情的なニュースが増えている。もっと冷静な視点を提供することもできるはずだ。その努力をテレビ（もちろん他のメディアも含めて）が必死にやっているとは僕には思えない。

そして何よりも、これのどこが公正で中立なのだろう。客観的なのだろう。結局のところ最初から最後まで主観じゃないか。

「何かを撮る」行為は「何かを隠す」行為だ

……ひとりでカメラを持ってオウムの施設の中をうろつきながら、僕はそんなことを考えていた。僕がそう思いついたきっかけは、自分でカメラを回したからだ。

それまではＥＮＧ（Electronic News Gathering　ＶＴＲ一体型のビデオカメラなどで取材するシステム）という撮影クルー（カメラマンとビデオエンジニアとディレクターの３人

単位）と一緒にロケに行くことが当たり前だった。でも所属していた番組制作会社から契約を解除されて、やむなく僕は、友人のデジタルカメラを借りて、自分でカメラを回していた。

施設の中には、教祖である麻原彰晃《あさはらしょうこう》（オウム真理教の元代表）が居住するエリアもある。この時期に中で自由に撮影できるのは僕だけだった。お風呂の扉を開けた。ごく普通のユニットバスだ。シャンプーが置いてあった。やっぱりごく普通のシャンプーだ。でもそのシャンプーのボトルの横には、誰が書いたのか「尊師専用」とマジックで書かれていた。つまり麻原が使っていたシャンプーだ。

今では考えられないが、この時期はこれだけでも、テレビではスクープ映像として扱われるはずだ。僕は少し興奮しながら、そのシャンプーにレンズを向ける。速度を変えながら何度かズームしたり、空の浴槽からパン（カメラ移動）してみたり、でもそのときに気がついた。いずれ編集で、僕はこのシャンプーの映像を決める。アップのままフィックスにするのか。それとも浴槽からのパンにするのか。編集しながら考える。なぜならどんなカットを使うかで見る側の印象が変わるからだ。アップとロングでは印象がまったく違う。何から（あるいは何へ）パンするかでも、受ける思いはまったく変わる。

そしてそれを決めるのは、この場で撮影して、やがて編集をする自分なのだ。言いかたを変えれば、僕は画面の意味付けを最終的に考えるのだ。

そのとき気がついた。撮影という行為はまったく客観的じゃないし、ましてや公正でも中立でもないということを。

僕の周りには世界がある。あなたの周りにもある。すべての人の周り360度すべてに世界はある。

カメラはこの無限な世界を、四角いフレームの枠の中に限定する。区切られたフレームの外の世界は、映像の中では世界から消える。存在しないことになってしまう。

要するに「何かを撮る」という行為は、「何かを消してしまう」行為と同じことなのだ。

オウム施設の中でファインダーに片目を当ててカメラを回しながら、僕は自分が世界を選び直していることに気がついた。なぜなら取捨選択している。僕の目の前には今、3人の若いオウムの信者がいる。ひとりはじっとパソコンの画面を見つめている。ひとりはご飯にゴマをかけただけの質素な夕食を食べている。そしてもうひとりは、祭壇の前でヨガのポーズをとりながら祈りを捧げている。

3人を同時には撮れない。だから誰かを選ばなければならない。選んでカメラのレンズを向けなければならない。そのときに選ぶのは僕だ。誰を撮るかで、映像を観る人に与える意味と印象は全然違う。

祭壇でヨガのポーズをとりながら祈りをささげている信者を撮れば、やっぱりちょっと不気味な宗教集団だと思う人は多いだろう。ご飯にゴマをかけただけの夕食を食べている信者を見れば、意外に禁欲的だなと思うだろう。じっとパソコンの画面を見つめている信者を見れば、宗教者らしくないなと思うかもしれない。誰を撮るかで意味はまったく変わる。そして誰を撮るかを選択するのは撮影者である自分なのだ。そこに公正で中立で客観的な基準があるわけではない。ほぼ直感だ。つまり主観。

世界では日々いろんなことが起きている。そこから何をニュースに選ぶかという段階で、すでに誰かの主観は始まっている。もちろん選ぶ際には、ある程度の基準はある。他のメディアのニュースなども参考にはする。でもその基準も、結局は誰かが作っている。テレビ以外の他のメディアも、結局は誰かが選んでいるという構造からは逃れられない。

こうしてニュースが選ばれる。テレビの場合は、カメラクルーが現場に行く。そして現場のひとつの断面を選ぶ。言い換えれば、選んだ断面以外は捨てる。

編集の段階では、たくさんある映像素材の順列組み合わせで、また大きく変わる。今度はそこに、音楽やナレーション、効果音などを加える。哀しい音楽を使えば、被害者の辛さや哀しみはより増幅される。不気味な音楽を使えば、加害者の冷酷さや残虐さがより強調される。ナレーションの文章で、視聴者の感情をかなり誘導することもできる。もっと強調したいときには、インパクトのある効果音を入れたり、テロップを入れたりする。

89ページに掲載した袴田さんの写真をもう一度見てほしい。キャプションは「うす笑いを浮かべて法廷にはいる袴田被告」。確かに写真は何となく笑っているように見えるけれど、あまりはっきりしない。そう言われればそう見えるかなというレベルだ。もしも微笑んでいたとしても、傍聴席に家族の顔を見つけて、心配をかけないように一瞬だけそんな表情を浮かべたのかもしれない。でもメディアはそんな瞬間を見逃さない。そして意味づけする。より刺激的に。より強調して。

男はニヤニヤと笑いながら近づいてきました。
男はニコニコと微笑みながら近づいてきました。

この二つの文章を読み比べてほしい。ニヤニヤとニコニコのあいだに明確な違いはない。この文章を書いた人が男に対して敵意や悪意を持っているのであればニヤニヤと書く。好意を持っているのであればニコニコと書く。つまりこれも記事にする側の主観。でも読んで受ける印象はまったく違う。

今は法廷内の撮影は禁じられている。だから注目される裁判の公判を報道する際に、テレビや新聞は再現映像や似顔絵などをよく使う。あなたもそんな報道をテレビで見たことがあるはずだ。被告が証言台で喋った内容を、あとから声優に再現させる手法もある。このときに、人を小ばかにしたような調子で台詞《せりふ》を読んでもらうか、誠実そうに読んでもらうかで、被告のキャラクターは相当に変わる。泉谷しげるが台詞を言えば相当に凶暴そうな被告になるだろう。仮に文章は同じでも、森本レオに声優を頼めば、気弱で誠実そうな被告になるはずだ。

もちろんできるかぎりは、本人の声やしゃべり方に近い声優を選ぶべきだ。でも実際には、どうしても演出の余地は入る。だって盛り上げたほうが視聴率は上がるのだから。

そしてわかりやすさ。つまり1か0。中間の曖昧さは四捨五入され、刺激的で扇情的な要素ばかりが誇張される。その結果として視聴率が上がり、上司に誉められる。ギャラもアップするかもしれない。壊れかけた洗濯機を買い替えることができるぞ。

こうしてできあがった映像が、少なくとも客観に徹して作られているはずがない。でもテレビ・ニュースを観る人のほとんどは、ニュースは客観的に作られているものと思い込んでいる。事実だと思い込んでいる。確かに画面に映るのは事実の断片だけど、その集積は事実とは絶対に違う。

今から100万年前の石器時代、一人の原人（♂）が見馴《な》れない洞窟の中に入ってタイムスリップして、現代に来てしまった。そこはホテルのパーティ会場だ。目の前に着飾った婦人がいる。手にしているのは空になったガラスのコップだ。初めて見る光景に原人（♂）は立ちつくしたまま茫然《ぼうぜん》としている。そこでタイムスリップの制限時間が過ぎる。原人（♂）は再び石器時代へと戻ってきた。いったい何があったのかと多くの原人たちが集まってきた。

そこで原人（♂）は、短い時間ではあったけれど。印象に残ったいくつかについて説明しようとした。そのひとつはガラスのコップだ。

でもこのとき、原人（♂）は何と説明するだろう。横から見たら長い四角だけど下から見たら丸かったと言うかもしれない。透き通っていて向こう側が見えたと説明する可能性も高い。中に色のついた水が少しだけ入っていたと言うかもしれない。多くの変な格好をした人たちが手に持って、たまに口に運んでいたと言うかもしれない。

ガラスのコップひとつをとっても、説明するためには、これだけ多くの特徴がある。原人（♂）だけの視点ではなく、もっと現代式の情報も加えれば、可視光線に対して透明な材質でできているとか、その材質はガラスで酸素とケイ素の化合物でできているなどと説明されるだろう。

メディアでこのすべてを伝えることは無理だ。だってテレビのニュースならば時間の制限がある。新聞や雑誌ならば字数の制限がある。どれかを落とし、どれかを強調したほうがわかりやすい。でもガラスのコップを説明するときに、「多くの人が手に持っていた四角」だけでは、クッキーか豆腐だと思われるかもしれない。まあ豆腐はないか。あるいは「透き通っていて向こう側が見えた」だけでは、ガラス窓との違いがわからない。ガラスのコップを伝えるとき、「透明な容器である」ことは重要な要素だ。でも実際に誰かがビールやジュースを入れて飲んでいるところを見ないかぎり、初めてコップを見る原人（♂）には、「あれは透明な容器だ」とはなかなか思いつけないだろう。

ニュースは主観でできている

2014年7月24日にフジテレビ「ニュースJAPAN」で、「JAPAN EXPOの実態」とのタイトルのニュースが放送された。「ジャパンエキスポ」とは、1999年にフランスで始まった日本のアニメや漫画を外国で紹介するフェスティバルだ。まず女子アナウンサーが、「7月はじめ、フランス・パリで開催されたジャパンエキスポ。しかし、会場の一部には、驚きの光景が。ヨーロッパ最大級の日本文化をテーマとした博覧会で何が起こっているのか。シリーズ「Nの衝撃」。その実態を二回にわたって特集します」とスタジオで語り、次にVTRが流れる。ジャパンエキスポの会場の一部だ。以下にナレーションの要旨を引用する。

（前略）日本の文化を紹介するため、演出方法も、回転寿司レーンを使うなど、日本一

> 色のはずだが、一部のブースでは、異様な光景が見られた。
> ジャパンエキスポの会場にある店に、「Ｋ‐ＰＯＰ」の商品が並んでいた。
> そこには、韓国のアイドルグループ「少女時代」のＣＤや、ハングルが書かれたブレスレットが並んでいた。
> ここ数年、ジャパンエキスポ内で、Ｋ‐ＰＯＰと呼ばれる、韓国商品が目につくようになっている。
> ステージで軽快に踊っているのは、日本の探偵漫画などのキャラクター。しかし、踊っている曲は、韓国でヒットした「江南スタイル」だった。
> ２０１２年は、大きな韓国国旗を堂々と掲げるブースが登場。
> （中略）今回の取材について、「クールジャパン」を推進する経済産業省は、「コメントを差し控える」としながらも、「２０１５年には、職員が現場に赴く」としている。

映像は見せることができないけれど、内容はだいたいわかったと思う。ところがこの放送から三週間が過ぎた8月15日、軍事ジャーナリストの清谷信一が、東洋経済ONLINEに、この報道に対して、「フジテレビ、愛国報道の「異様な光景」～ジャパンエキスポは排他的なイベントではない〜」とのタイトルで、以下のような反論を寄稿した。

（前略）まず、そもそも一部の物販ブースで韓国関連商品が売られていたことが、それほど「大問題」なのだろうか。これが日本政府主催のイベントであれば問題かもしれないが、主催しているのは、現地の民間企業である。（中略）会場では故メビウスことジャン・ジローをはじめ、多くのフランスのバンド・デシネ（BD、フランスの漫画）作家がサイン会やトークショーを行っている。ジャパンエキスポだから日本以外のものは排除しろと言うのであれば、これらも排除しろと言わなければ公平ではない。しかし、フジテレビの番組が問題視しているのは、あくまで韓国の物品を販売しているブースだ。

（中略）

日本政府が主催しているわけでもないイベントに韓国企業のパビリオンが入っているだけで、それを「異様な光景」と断じる今回のような報道は、偏狭な愛国主義を煽《あお》るものので、それこそが「異様な光景」だ。69回目の終戦の日を機に、冷静な議論を深めたいものである。

引用はここまで。要するにこの催しは日本の文化や漫画などをテーマにしているけれど、展示やブースは決して日本だけにこだわっているわけではない。ところがフジテレビの報道は、会場内の韓国のブースだけをとりあげて、大きく問題視しているということらしい。

仮にこの指摘が正しいのなら（おそらく正しいのだろう）、考えなくてはならない。なぜフジテレビのこのニュースは、韓国のブースだけを問題視したのかを。

理由は単純。いま日本では、韓国や中国に対して反感を持つ人が増えているからだ。だから韓国や中国を批判する番組は視聴者から喜ばれる。別にテレビだけではない。週刊誌や一部の新聞などにも、最近は嫌韓・反中の記事がとても増えている。

でもここでフジテレビに対して「嘘を言うな」と言っても、ニュースのスタッフは「嘘ではない」と反論することができる。確かに嘘ではない。実際にジャパンエキスポの会場に韓国のブースはあったのだから。

ここでフジテレビのニュース班がやったことは、存在しない韓国のブースを捏造《ねつぞう》したのではなく、他の国のブースを省略したことだ。来場者には「ジャパンエキスポは、日本のものだけしか置いてないはずなんだけどね」とは言わせているが、番組の主張を示すナレーションでは、「韓国のブースを除けばあとはすべて日本の展示だけです」などとは一言も言っていない。

つまり嘘ではない。四捨五入しただけなのだ。でもそれだけでこんなに意味が変わる。ナレーションだけではない。映像も同じ。日本と韓国のブースしか映していない。他にフランスなど他国のブースがあるはずなのに、それらは撮らなかった（もしくは編集の際にカットした）。

ガラスのコップを撮って、「ほぼ透明で下から見ると丸い」と説明したとしても、確かに嘘ではない。ただし不十分だ。この説明から「下から見ると」を削れば、さらに意味は変わる。でも見る側は、これがすべてだと思ってしまう。ほぼ透明で丸いものがガラスのコップなのだと思ってしまう。実際の状況とは違うストーリーを与えられてしまう。

情報とは何だろう。喩《たと》えればレゴみたいなものかな。一つひとつのパーツをある意図のもとに組み立てることで、ロケットや恐竜や中世の城が現れる。……まあレゴは少し大袈裟か。でも近い。そのくらいに思っていたほうが間違いはない。

メディアは間違える

A、B、C、D、E、の情報があるとする。ひとつひとつは実際に現地で取材されたり撮影されたりした要素であったとしても、その順番や組み合わせを変えることで、まったく違う意味やストーリーが現れる。そしてこのとき、その順番や組み合わせを変える基準として、メディアの多くは、より視聴者や読者が喜ぶような組み立てにしてしまう。

順番や組み合わせの問題だけではない。時おりメディアは間違える。

1991年に起きた湾岸戦争の際に、真っ黒な重油で全身をおおわれた水鳥が黒い波打ち際に立っている映像が世界中で大きな話題になったことは第二章で少しだけ触れた。結局この写真についてはメディアの誤報であることが明らかになったけど、一度刷り込まれたイメージはなかなか消えない。

2001年にアメリカで同時多発テロが起きたとき、アフガニスタンをまず攻撃したアメリカは、次にまたもイラクに照準を向けた。このときにアメリカが掲げたイラクを攻撃する大義は、イラクのフセイン政権は同時多発テロを行ったアルカイダと結びつきながら大量破壊兵器（核兵器や化学兵器）を準備しているとの情報を基にしていた。だから今のうちにフセイン政権を叩かないとアメリカが危機に直面する。要するにこれもまた自衛のための先制攻撃。アメリカの主要メディアのほとんどもこの情報を肯定した。

結局フセイン政権は崩壊したが、大量破壊兵器など存在していなかったことを、戦後にアメリカ政府はしぶしぶと認めた。そもそも世俗的なフセイン政権がイスラム原理主義のアルカイダと繋《つな》がるはずがないことも自明だった。つまりイラク戦争は大義なき戦争だったのだ。でも結果として多くのイラク国民が死んだ。アメリカ兵も死んだ。

もしもこのときアメリカのメディアが冷静な判断をしていれば、こんなバカげた戦争は起きなかったかもしれない。でも結果としてアメリカのメディアは、自分たちを攻撃しようとする悪い国をやっつけろと国民と一緒になってブッシュ政権を応援した。

こんな例はいくらでもある。だからこそ映像メディア（映画）と通信メディア（ラジオ）が歴史に登場した20世紀は、二度の世界規模の大戦が起き、さらには冷戦構造下で朝鮮戦争やベトナム戦争が起きた。そしてネットやSNSなどがメディアに加わった21世紀は、グローバルなメディアによってグローバルなプロパガンダが可能な時代になっている。国同士の戦争だけではなく、テロが新たな脅威になっている。

湾岸戦争のときは水鳥の写真以外にも、クウェートからアメリカに避難してきたとされる15歳の少女が、イラク軍の兵士が病院で子供たちを虐殺していると泣きながら訴えて、イラクを攻撃しなくてはならないとする決断の背中を大きく押した。でも戦争終結後、少女はクウェートの駐米大使の娘で、イラク軍侵攻時にはクウェートにいなかったことが明らかになった。つまり今度はクウェート側の情報操作だった。

ここで強調しておきたいことは、メディアが率先して嘘をついたわけではないということだ。結果として多くのメディアは騙《だま》されたのだ（もちろん、騙されたことの責任は大いにある）。湾岸戦争の際の水鳥の写真と15歳の娘の証言については、最終的にはアメリカのメディアが自ら取材と検証を進め、この情報が虚偽であったことを暴露した。イラク戦争のときも多くのアメリカのメディアは、政府が主張する大量破壊兵器の情報を自分たちも信じてしまった過ちを認め、その理由を検証し、ブッシュ政権にべったりだった記者は処分された。

もちろん訂正や謝罪をしたから問題なしと言うつもりはない。ただし間違えたメディアを責めるだけではなく、メディアも頻繁に間違えるということを、僕たちはしっかりと学ぶべきだと僕は思っている。だって記者もカメラマンもディレクターも人なのだから。間違えないことなどありえない。そのリスクを常に意識に置きながらメディアに接すること。これもまた重要なメディア・リテラシーの要素だ。

オーウェルの「1984年」は過去の話ではない

メディアが不祥事を起こすたび、その会社の社長が謝罪会見で頭を下げて、「視聴者（読者）の信頼を裏切りまして誠に申し訳ありません。これからは信頼を取り戻せるように努めます」と謝罪する。

僕はこれがダメだと思う。

メディアは視聴者や読者を信頼させてはいけない。なぜならメディアは信頼すべきものではない。あくまでもひとつの視点なのだ。受け取る側も絶対に信じてはいけない。これはひとつの視点なのだと意識しながら受け取るべきだ。

第二次世界大戦が終わってから4年後にジョージ・オーウェルが発表した『1984年』は、全体主義国家によって分割統治された近未来世界を描いたディストピア（反ユートピア）SFの代表作だ。村上春樹さんの大ベストセラー『1Q84』が出版されたとき、タイトルをめぐってよく話題になったから、知っている人も多いと思う。

まずは読んでほしい。絶対に読むべき一冊だ。でもどうしても時間がない人のために、その内容を少しだけ紹介する。

1984年、世界はオセアニア、ユーラシア、イースタシアの3つの超大国によって分割統治されている。そしてこの3つの国はそれぞれの境界の領土問題などをめぐって、ずっと戦争状態にある。

かつてのヨーロッパであるオセアニアに住むウィンストン・スミスは、真理省の役人として、国の歴史を改竄《かいざん》する仕事を日々行っている。ビッグ・ブラザーと呼ばれる独裁的な指導者が統治するオセアニアでは、思想・言語・就職・恋愛など、あらゆる市民生活は政府に管理されている。何しろ日記をつけることすら、もしも発覚したら重罰になる社会なのだ。プライバシーはほとんど存在しない。市民は常に「テレスクリーン」と呼ばれる双方向テレビジョンによって、屋内・屋外を問わず、ほぼすべての行動を当局によって監視されている。

スミスはひょんなことからこの国の体制に疑問を持つが、結局は思想警察に捕えられて愛情省で拷問を受け、国に疑問など抱かないように再教育を施される。つまり洗脳だ。

このオセアニアという国家を、オーウェルはこんなふうに描写する。

街中にはいたるところに、ビッグ・ブラザーの写真と「ビッグ・ブラザーがあなたを見守っている」とのフレーズが書かれたポスターが貼られている。テレビと監視カメラ双方の機能を持つテレスクリーンも、やはり街のそこかしこに設置されており、ビッグ・ブラザーの演説の様子が、常にスクリーンに映し出されている。

街角だけではない。一軒一軒の家の中にもテレスクリーンは設置されている。だから市民たちの言動は、すべて国家に監視されている状態だ。でも誰もそれを気にする人はいない。生まれたときからそうした状態にあるので、それが当たり前になっているのだ。

そんなバカなことにはならないとあなたは思うかもしれない。でも人間ってそんな存在だ。動物園の動物たちは、生まれてから死ぬまで檻の中にいるけれど、それをおかしいとは思わない。だって比べる対象がないのだから。それは動物だからだとあなたは思うかな。僕はそうは思わない。もしもこの地球が宇宙人に支配されて人間たちは檻の中で生活しながら見世物になることを強制されたとしても、世代をいくつか重ねれば、その状況に違和感を持つ人はほとんどいなくなる。つまり環境に適応してしまう。特に人間はその能力がとても強い。

オセアニア国家は国民を統治するために、様々な施策を行っている。例えば「2分間憎悪」。国民は毎日、テレスクリーンに映る国家の敵に対して、画面を見つめながら憎悪感情をたぎらせることを2分間強制される。これも最初は強制だったかもしれないけれど、いつのまにか当たり前の習慣になっている。

もうひとつは「ニュースピーク」だ。国民が使う言語の語彙を極端に少なくして、社会や政治などについて考えることを困難にする新話法。オセアニアの国民たちはこの言語を使うことを強制され、昔の本や記録はすべて真理省が処分してしまうので、すでに複雑な文法や難しい単語をほとんど忘れている。曖昧な概念をあらわす言葉も使用は禁止されているから「政治への不満」とか「国家の矛盾」とか「管理統制への抵抗」などの言葉は消える。もしもそんな気持ちが湧いてきたとしても、それを言語化することができないので、そんな思いを具体化できない。だから思いはいつの間にか消える。こうして高度の管理統制国家が完成する。

ここまではあくまでも、ジョージ・オーウェルが書いたサイエンス・フィクションの話だ。そしてここからは、この国でかつて現実に起きた話。

戦争が劣勢になったとき日本の新聞は、言葉の言い換えを頻繁に行った。例えば「全滅」は「玉砕」。「敗走」は「転進」。「戦死」は「散華」。でもこれも、新聞が自ら言い換えたわけではない。大本営（軍の最高機関）が発表する内容をそのまま報道することを強制されたからだ。だから今も「大本営発表」という言葉は、虚飾的な公式発表の代名詞になっている。

でもそんな事態を招いたのは、そもそも新聞が軍の暴走を批判しなかったからだ。その結果として軍の影響力が強化され、発表の内容について疑いを持つことすら禁じられる状況を招いてしまった。

ジョージ・オーウェルがすごいところは、まだテレビが一般家庭に普及する前に、今のテレビと監視カメラの機能を持つテレスクリーンという電子機器をイメージしたことだ。ストーリーの後半では、主人公であるウィンストン・スミスが恋人のジュリアと交わした会話すら（自由恋愛は禁止されている）、盗聴されていたことが明らかになっている。

テレスクリーンで放送される番組のほとんどは、政府にとって都合の良いように編集されたニュースだ。国境付近で続いている他国との紛争を伝えるとき、テレスクリーンは常にわが軍の大勝利と宣伝する。また国民の愛国心を煽るために、一日に何度もテレスクリーンは国歌演奏を放送する。国民はそんな報道に満足しながらも、そもそもどこの国とどのような戦争になっているのかはよくわからない。報道されていないからだ。ニュースのほとんどは政治面。だから本当に戦争が起きているのかすら、実のところはわからない。オセアニアでは工業生産が躍進的に増加しているとか景気は急激に上昇しているなどの政府情報も定番だ。ならばきっといずれ、今より生活は豊かになるはずだと国民は信じている。

ところまでを読みながら、第一章に書いた北朝鮮のメディアの描写とよく似ていることに、あなたは気づいてくれたかな。北朝鮮の新聞やテレビには社会面はない。政治面だけ。しかも「偉大なる指導者」の宣伝が多い。

さらに、オセアニアや北朝鮮まではいかないにしても、言葉の言い換えによるイメージのごまかしは、日本でも常に行われている。さっき書いた戦争中の話ではない。現在進行形だ。

最近では武器輸出三原則。国際紛争の当事国やおそれのある国への武器輸出を禁じるこの原則を、アメリカを例外として認めるなど、戦後日本は少しずつ緩和し続けてきた。2014年にはついに、大幅に見直すことを宣言した。でも国民からの抵抗は大きい。だから政府は「武器輸出三原則」の名称を、「防衛装備移転三原則」に変えた。「武器」は「防衛装備」で「輸出」は「移転」。ならば確かにイメージはだいぶ違う。武器ではなく防衛装備なら、少しくらい他の国へ供与してもよいかと思ってしまう。しかも「輸出」はお金を儲けるようで抵抗があるけれど、「移転」ならばその抵抗も少なくなる。中身はまったく同じなのに。

原発報道の際にも言い換えは多い。例えば「事故」は「事象」だ。「老朽化」は「高経年化」で、「汚染水」は「滞留水」。すべて同じことを言い表しているのだけど、こうして並べて比較すれば、何となく抵抗が薄れることに気づくはずだ。

「危険」にするか「要注意」にするかで、受ける印象はまったく違う。ならばその対処法も変わってしまう。でも「危険」も「要注意」も「嘘」ではない。例えばガラガラヘビは猛毒を持っている。噛《か》まれれば死ぬ可能性もある。だから初めてガラガラヘビを見る人には、危険だから絶対に近づくなと言うべきだ。でも檻やガラスケースの中にいるのなら、近づきすぎないように気を配りながら観察しなさいと言ったとしても間違いではない。つまりこの場合は要注意だ。

危険と要注意。どちらを使うべきなのか。

本当にふさわしい言葉を使うためには、その状況をメディアは正確に把握し、そして伝えなければならない。檻に入っているかいないかの情報があれば、見る側や読む側にも危険か要注意のどちらを使うべきかの判断ができる。ところがメディアは細かな説明を嫌う。映像的にもガラガラヘビをアップで紹介したほうがインパクトは強い。周囲の檻やガラスなど、できればフレームの中に入れたくない。さらに「危ない！」とか「怖い！」などと危機を煽ったほうが、多くの人はチャンネルを合わせる。駅のキオスクでも、そんな見出しが躍る週刊誌やタブロイド紙に手を伸ばす。

こうして危険性や不安ばかりが強調される。それは嘘ではない。嘘ではないけれど、ガラスケースの中のガラガラヘビに対して、危ないとか逃げろなどと言うのなら、それはやっぱり適正ではない。あわててガラスケースをひっくり返してしまう可能性だってあるのだから。

戦争はこうして起きる

メディアに対して多くの人は、簡潔な言葉を求める。曖昧な言葉は嫌がられる。自分で考えたり判断をしたりしなければならないからだ。それは面倒だ。毎日いろいろ忙しい。だから黒と白とか、敵か味方とか、正義VS悪などの言葉を歓迎する。

喩《たと》えて言えば、雑誌の電車の中吊り広告だ。あるいは見出し。「いま迫りくる中国の脅威!」「北朝鮮のミサイルが飛んでくる!」「ふざけるな韓国!」などなど。

多くの人が興味を持つように、とても扇情的で刺激的でわかりやすい言葉で、広告や見出しは作られる。

もちろん本文を読めば、もう少し細かな状況描写などが書かれているはずだ。ところが多くの人は、電車の中吊り広告を読んだだけで、内容を知ったような気分になってしまう。そうか、中国の脅威は迫りくるのか。北朝鮮のミサイルが降ってくるぞ。韓国は本当にどうしようもない国だ。そんな意識ばかりが強化されてしまう。

中吊り広告や見出しにこんな扇情的で刺激的な言葉ばかりが増えるもう一つの理由は、「危ない」「怖い」などに人は強く反応するからだ。言い換えれば、「危なくない」や「怖くない」に人はあまり反応しない。

まあそれは当たり前。人は不安や恐怖にとても強く反応する。

人類の先祖がアフリカ大陸で樹上から地上に降りてきたとき、直立二足歩行と同時に、彼らは群れることを覚えた。なぜなら地上には大型肉食獣がたくさんいる。一人でいると捕食されてしまう危険性が大きくなるが、多くの仲間と一緒にいれば、肉食獣も簡単には襲ってこない。夜はローテーションで誰かが見張る。狩りのときにも、一人よりは群れのほうが効率はよかったはずだ。

こうして地上に降りた人類の祖先は、気がつけば群れる動物になっていた。

群れる動物は他にもたくさんいる。メダカにイワシ、サンマにサバ、スズメにカモ、ヒツジにトナカイ……。彼らの共通項は弱いことだ。つまり天敵にいつも脅えている。だから群れる。強い動物は群れる必要がない。

特に人間は、弱さにおいては最たる生きものだ。進化の過程で爪や牙はほとんど退化した。しかも空に逃げることもできないし、速く走ることもできない。だからこそ群れる本能は強くなる。

群れる理由は怖いから。そして人はとても弱い生きものだから、不安や恐怖心がとても強い。だから「危ない」や「怖い」などの言葉にとても強く反応する。

僕たちの祖先が地上に降りてきてから600万年が過ぎた。この気の遠くなるような時間が過ぎるあいだに、人は火を使うことを覚え、鉄から武器を作れることに気づき、火薬を発明し、気がついたら地球上でもっとも強い生きものになっていた。今ではよほどのことがないかぎり、大型肉食獣などの天敵に脅える人はいない。その必要はない。

でも敵に対しての不安と恐怖の遺伝子は今も残っている。だから敵が見えないと不安になる。むしろ見えたほうが安心できる。見えない理由はいないからなのだとしても、人はなかなかそうは思えない。どこかに危険な敵が隠れているのではと思ってしまうのだ。

こうして人は敵を探し求める。でも本来の天敵だった大型肉食獣にはさすがにもう脅威はない。でも探し求めながら気がついた。もっと危険な存在がいるじゃないか。

同族だ。つまり同じホモサピエンス。ただし言語や肌の色や宗教や政治体制など、自分たちとは何かが違う共同体に帰属する人たちだ。

だからこそ人は戦争や虐殺の歴史と縁を切ることができない。人を殺したいとの本能があるわけではない。できることならそんな状況に身を置きたくないとは誰もが思う。でも殺されたくない。つまり自衛の意識。それが高揚する。自分や自分が愛する者を守りたい。ならば敵に攻撃される前に攻撃するしかない。だってこれは正当防衛だ。でもこのとき、敵も同じように考えている。

戦争はこうして起きる。

第一次世界大戦は、人類が初めて経験する世界規模の戦争だった。きっかけはバルカン半島のサラエヴォで、オーストリア・ハンガリー帝国の皇太子が、ボスニア系セルビア人の青年に暗殺されたこと。この時代のヨーロッパは複雑な緊張関係の中にあり、多くの国が軍事同盟を結んでいた。だから戦いはあっというまに広がった。まずは皇太子を暗殺されたオーストリア・ハンガリー帝国がセルビアに宣戦布告を行い、次にロシア、ドイツ、フランス、イギリスと、ヨーロッパ各国は次々に戦争に参加していった。日本もこの時代はイギリスと日英同盟を結んでいたため、連合国側（フランス、イギリス、ロシア、アメリカなど）の一員として、同盟国側（オーストリア・ハンガリー帝国、ドイツ、オスマン帝国、ブルガリア）に対して宣戦布告し軍隊をヨーロッパに送り込んだ。

第一次世界大戦は戦争を終わらせるための戦争だった。集団的な自衛を理由に参戦した多くの国は、戦争はすぐに終わると考えていた。でも現実はそうではなかった。戦争は拡大しながら長期化し、戦闘員と非戦闘員合わせて２０００万人が犠牲となった。しかも戦争を終わらせるための戦争の終結は、敗戦国の一つだったドイツに過酷な賠償を負わせ、このままでは国と民族が滅んでしまうと危機感を抱いたドイツ国民はヒトラー政権を支持し、第二次世界大戦へと繋がっている。

こうして戦争は継続する。人が自衛の意識を捨てられないからだ。人は不安や恐怖に弱いからだ。

だからこそメディアは人の不安や恐怖を刺激する。そのほうが売れるからだ。視聴率が上がるからだ。でもその結果として、愛する者を守るという大義が立ち上がり、人は人を殺す。人はずっとそんなことをくりかえしている。

そしてこのとき、メディアはこれ以上ないほどに有効な潤滑油となる。いや潤滑油のレベルではない。燃料と言ったほうがいいかもしれない。

第一次世界大戦の時代、メディアの中心はまだ活字だった。だから新聞や雑誌が国民の戦意を煽った。そして第二次世界大戦時、メディアには映像（映画）と通信（ラジオ）が加わっていた。だからプロパガンダはより大規模に行われている。

そして今、映画とラジオは第二次世界大戦終結後に融合してテレビとなり、さらにネットやSNSも、新しいメディアとして加わっている。特にSNSは、パブリックではない個人や組織が情報を世界に向けて発することができる。ということは、ほんの些細なことが大規模なプロパガンダにつながる可能性がある。湾岸戦争の際には油にまみれた水鳥の動画と写真がイラクのイメージを悪化させるために使われたが、そんな事態がより起こりやすくなっている。

いま中東で大きな問題になっているアルカイダやイスラム国などイスラム過激派は、アメリカのイラク侵攻後に、反欧米を掲げながら結成された組織だ。つまり憎悪や報復が連鎖している。そして過激な武装組織はSNSなどネットメディアを駆使しながら、自分たちのプロパガンダを世界に向けて発信している。

いたずらに危機を煽りたくない。でもこのままでは、本当に世界が壊れるかもしれないのだ。

だからこそ今、メディア・リテラシーはとても重要だ。

ネットでは事前情報のないまま世界に流れる

あなたもスーザン・ボイルの名前は聞いたことがあると思う。イギリスの女性歌手だ。2009年には紅白歌合戦にも特別ゲストで登場した。そのデビュー時の様子は、ウィキペディアに以下のように記述されている。

スーザンは2009年4月11日に放送されたイギリスの素人オーディション番組、「ブリテンズ・ゴット・タレント」第3シーズンの初回に出場した。舞台に現れた彼女の垢《あか》抜けない外見や、審査員の質問につっかえながら答える姿はいかにも素人くさく、将来の夢を聞かれて「ミュージカル女優のエレイン・ペイジのようなプロ歌手になりたい」と答えたときには、観客席から失笑もあがった。しかし、ミュージカル「レ・ミゼラブル」の挿入歌「夢やぶれて（I Dreamed A Dream）」の最初のワンフレーズを歌う

彼女の歌声が会場に響くと審査員は目を丸くし、観客は一瞬息を呑《の》んでから総立ちになり、彼女に割れるような喝采を送った。会場はスタンディングオベーションとなり、審査員は3人全員が「Yes（合格）」の札を出し、最高の賛辞を贈った。

この番組の模様がYouTubeなどの動画配信サイトに転載されると、9日間で1億回を超える視聴回数を記録し、全世界から注目され、さらにはNHKなど日本メディアにも報じられた。その週のうちにアメリカ・CNNの人気番組「ラリー・キング・ライブ」にも出演し、CDデビューの話も進められた。中年女性のシンデレラストーリーへの興奮は国境を越え、時代の社会現象のレベルに達している。

スーザン・ボイルが「ブリテンズ・ゴット・タレント」に登場する場面は、今もYouTubeで観ることができる。日本語字幕もついている。できることならこのあとの記述は、手元のパソコンかスマホでその映像を観てから読んでほしい。

観てくれたかな？　残念ながら僕はそれを確かめることはできない。観てくれたとの前提のうえで以下を続ける。

この動画のクライマックスは、何と言っても彼女が歌いだした直後だ。もういちどウィキペディアのその個所を読んでほしい。

最初のワンフレーズを歌う彼女の歌声が会場に響くと審査員は目を丸くし、観客は一瞬息を呑んでから総立ちになり、彼女に割れるような喝采を送った。会場はスタンディングオベーションとなり、審査員は3人全員が「Yes（合格）」の札を出し、最高の賛辞を贈った。

確かに彼女が歌う前、審査員たちは「やれやれ」「何だこのおばさん」的な表情を何度も浮かべていたし、会場では多くの観客が失笑していた。だからこそ歌い始めると同時に審査員は目を丸くし、観客は一瞬息を呑んでから総立ちになり、映像を観る側はその場に自分がいるかのような臨場感に浸って感情移入することができる。

こうしてスーザン・ボイルは世界的なスターになった。でもここでふと、少しだけ頭を切り替えて考えてほしい。素人参加のオーディション番組で、垢抜けなくて素人くさいおばさんが登場したからといって、観客は失笑するだろうか。審査員は「やれやれ」「何だこのおばさん」的な反応をするだろうか。顔をしかめたり嘲《あざけ》るようなことを言うだろうか。

いまの日本には素人参加オーディション番組はないけれど、毎週日曜に放送されているNHKの「のど自慢」で、司会者が、「やれやれ」「何だこのおばさん」的な反応をする場面を想像してほしい。観客の多くも冷笑している。ゲスト歌手も「なんでこんなの呼んだんだよ」的な表情をしている。

ありえると思う?

スーザン・ボイルの場合は、こうした冷笑を直後に歌声でひっくり返すというドラマがあったけれど、もしも歌い始めた彼女が外見と同じように素人まるだしでどうしようもないほどに凄まじい音痴だったら、あの会場や番組は、どんな雰囲気になっていただろう。その状況を想像してほしい。

後味が悪いどころじゃない。放送できなくなるかもしれない。観客はともかくとして、もう何年もあの番組の審査員をやっている3人が、そんな過ちを犯すだろうか。

要するにスーザン・ボイルに対するあの冷笑的な雰囲気は、あとでひっくり返ることが予定されているからこそ成立する。つまり演出なのだ。

ここまでを読みながら、そんなことわかっていたさと思う人もいるはずだ。ならばその人には、とりあえずリテラシーのセンスを今の段階である程度は身につけている。でも世の中には、そうではない人のほうが多数派だ。だからあれほどに話題になったのだ。

以下は YouTube の画像の下に書き込まれたコメント。

やばい、鳥肌たって、感動で泣いてしまった

人は見た目で判断しちゃダメってことだね
what a voice!!! amazing lady xxxxxxxxx
HOW DARE THEY UNDERESTIMATE HER（何で彼らは彼女を過小評価したんだ）
やっぱ差別や偏見から入るんだなあ。だから白人って好きにはなれないわ
見るたび感動で鳥肌が立つねぇ
胸が打たれるとはこーゆーことというんだね、本当に涙が止まらない

ここまでの文章で、僕は「やらせ」という言葉を使わなかった。それは微妙に違うと思ったからだ。スーザン・ボイルが話題になったころ、ロンドンでテレビ番組のコーディネーションの仕事を長くしている友人に、「ブリテンズ・ゴット・タレント」とはどんな番組なのかとメールした。友人の返信によれば、かなり演出の領域が大きい番組であるけれど、イギリス国民のほとんどは、それを前提にして番組を楽しんでいるとのことだった。

要するにバラエティ番組なのだ。イギリスの人たちはその情報（リテラシー）を持っている。だから、その演出にいちいち目くじらを立てることはない。でもそれはイギリス国内の話。世界では、「ブリテンズ・ゴット・タレント」についてのリテラシーをまったく持たな

い人たちがパソコンやスマホで番組の一部だけを見ながら本気で感動したり泣いたりしている。

もちろん、感動したり泣いたりすることに大きな問題はない。でも今考えるべきは、ネットを媒介にしながら強い情報操作を起こすことが、世界規模で可能になっているという現状だ。

情報は公正でもないし中立でもない。客観的などありえない。それはもう何度も書いた。でも多くの人は、この仕組みを知らない。テレビのニュースの映像に、撮る人や編集する人の感情や思いが反映されていることや、視聴率を上げるために刺激的に見える工夫をしていること、そしてそれは情報の一つの断面（視点）でしかないことなど、想像すらしていない。

「中立」だと誰が判断できるのか？

客観性と同様に、メディアは中立でなければならないと人は言う。誰もが言う。メディアの側の人も言う。僕もかつてそう思っていた。

第四章で書いたけれど、僕自身が18年前、オウムのドキュメンタリーを撮ろうとして所属していた番組制作会社から契約を解除されたとき、その理由を当時の上司である番組制作部長は、「おまえはオウムをニュートラル（中立）に見ようとしていないからだ」と説明した。

でもここで、中立という意味を、もう一度ちゃんと考えよう。中立とは、両端から等距離にある位置のことを言う。メディアにおける「中立」を説明すれば、「異なる意見や対立する見解があるときは、その二つを同じように扱って偏らないようにする」という意味になる。

これを報道に当て嵌めれば、どちらか一つだけに偏らない姿勢を言う。確かにそれは正しい。それは納得できる。

でもならば、ここであなたに、もうひとつ質問したい。

その両端は誰が決めるのか？

正解は「わからない」だ。ついでに書くけれど、世界にはわからないことはとても多い。たぶんというか間違いなく、わかっていることよりもわからないことのほうがずっと多い。

物質の最小単位は素粒子だ。それによって原子が作られる。その原子によって宇宙のすべての物質はできていると少し前までは思われていたけれど、最近になって原子からできている物質は、宇宙全体の5％以下に過ぎないことがわかってきた。残りの95％はダークマターとダークエネルギーだ。でもいまだに、この二つの存在の正体はまったくわからない。太陽の表面の温度は6000度であることはわかっている。でもコロナ（太陽のガス層）の温度は100万度。なぜ太陽そのものよりも上空のほうがこれほどに熱いのか。そんな理由すらまだわかっていない。他にもたくさんある。宇宙に果てはあるのか。人は死んだらどこへ行くのか。

とにかく世界にはわからないことはたくさんある。そして中立を決めるときに重要な両端の位置を誰が決めるのかについても、解答は「わからない」だ。

これが数学の問題の場合は、設問者が両端を設定する。でも実際の事件や現象の場合には、そんな設問者はいない。

でも結果としては、誰かが両端を決めている。その誰かとは誰だろう。

基本的には、民意や世相などの言葉に象徴される時代の雰囲気だ。でも正しいかどうかは誰にもわからない。オウム事件直後の多くのメディアの人たちは、オウムを「極悪な殺人集団」として描くことが、中立なのだと思い込んでいた。袴田《はかまだ》事件が起きたときは、袴田さんを犯人と断定することが、メディアでは客観的な姿勢なのだと思われていた。

世相の座標軸はとても不安定だ。ならば中立の位置はころころと変わる。どの座標軸が正しいのかは、事後にならないとわからない。

ナチスが一党独裁した頃のドイツ国民のほとんどは、ヒトラーは偉大な指導者で、ナチスの政策は正しいのだと思い込んでいた。ホロコーストでユダヤ人虐殺に関与したナチスの幹部たちは、ユダヤ人はアーリア（ドイツ）民族に害をなす存在だから、彼らをこの地上から駆除することは自分たちに与えられた崇高な使命だと信じていた。

第二次世界大戦が始まった頃、日本国民の誰もが、日本を攻めようとする悪いアメリカやイギリスを懲らしめて、天皇を頂点とする神国日本がアジアを統治して、文化的に遅れた地域や人たちを、より高いレベルに指導してあげるために戦争をするのだと思い込んでいた。

あるいは今の北朝鮮。どれほどの割合の国民が本気で讃えているかは正確にはわからないけれど、金日成《キムイルソン》と金正日《キムジョンイル》そして金正恩《キムジョンウン》と続いた政権は、自分たちの国をより良い方向に導くのだと、国民の多くは信じている。そしてアメリカや日本を筆頭とする敵対国は、自分たちを滅ぼす悪の存在なのだと本気で思っている。

かつてイラク戦争が起きたとき、アメリカ国民の多くは、自由と民主主義を世界に広めるために、自国の安全を守るために、アメリカはイラクに武力侵攻しなければならないと考えてブッシュ政権を熱狂的に支持していた。

どこかに悪がいる。そして自分たちはその悪を許してはならない。そんな雰囲気を作るのはメディアだ。でも自分たちが媒介となって作りだしたその雰囲気に、実はメディア自身も呑み込まれる。結果として日本は戦争を起こした。自国民だけで300万人以上が死んだ。大勢のアジアの人たちも殺された。

圧倒的な軍事力でブッシュ政権はイラクのフセイン政権を崩壊させた。でもその結果としてイラクは混乱状態に陥り、戦争終結後にもテロは続き、今も多くの人が殺されている。

もちろん、世相や民意を、正確に数値化することは不可能だ。だからこそ、現場に行った記者やディレクター、デスクやプロデューサーたちの判断も重要になる。でもその判断に明確な根拠はない。最後は直感だ。

つまりこれもまた主観。

メディアは本質的な矛盾を抱えている

絶対的な座標軸など、人は手に入れることはできない。だから絶対に中立な位置など、人には絶対にわからない。絶対という言葉はあまり好きじゃないけれど、でもこれは絶対。それがわかる人がもしいるならば、それは人ではなくて神さまだ。

同じようにメディアの鉄則で、「両論併記」という言葉がある。新聞社に入ったばかりの駆け出しの記者は、先輩たちにまずはこの鉄則を教え込まれる。

両論併記の意味は、対立する人や組織などを記事でとりあげるとき、その片方の人や組織の言い分だけでなく、双方の意見を同じ分量だけ呈示するというルールだ。新聞だけじゃない。テレビ報道においてもこの鉄則は基本の一つだ。

でもこれも、中立の概念と同じく、実は大きな落とし穴がある。

A⇕B

この構造は確かにある。そこまでは正しい。でもAに対立するものがBであることは、いったい誰が決めるのだろう？　もしかしたらCかもしれないし、Dの場合だってあるかもしれない。

対立点を決めるためには座標軸を設定しなければならない。つまり中立点と一緒。誰かが決めるのだ。そしてそれはその誰かの主観。

それともうひとつ。このルールには本質的な矛盾がある。仮に二つの意見を並べたとしても、その並べ方で印象はだいぶ違う。

A　原発はもう必要ない。コストも実は高いうえに、もしも事故が起きたら取り返しがつかない事態を招く。ある程度は電気料金の負担が大きくなったとしても、日本はできるだけ早く脱原発を実現すべきだ。

B　二酸化炭素問題を考えても、原発はやはり必要だ。なくすことで財界への打撃も大きい。電気料金の高騰で生活への影響も見逃せない。安全には最大限の配慮をしながら、一日も早く再稼動を目指すべきだ。

対立するこの二つの意見を、あなたはいま、A、Bの順に読んだ。では次に、順番を変えてB、Aの順に読んだ場合、自分がどんな印象を受けるかを想像してほしい。きっと微妙に違うはずだ。

Aの意見を紹介してから、これに反対するBの意見を紹介する。理屈としては、これで両論併記となる。でもこの場合、後から出したBのほうが、視聴者や読者の共感を呼び起こしやすい。なぜならば、Aは途中経過でBは結論に近いという心理作用が働くからだ。

テレビのディレクターや新聞の記者たちは、本能的にこのメカニズムを知っている。だからこれを無意識に利用する。例えばスーパーで万引きしたとして、森という名前の（自称）映画監督・作家・大学教授が逮捕されたとする。目撃者も大勢いる。でも森は冤罪《えんざい》を主張している。この逮捕は警察のフレームアップ（でっちあげ）であるとまで言っている。テレビのニュースでこの事件を扱うとき、中立公正なメディアの立場としては、森の言い分をまったく紹介しないわけにはゆかない。ただし森の主張がニュース映像の最後に登場することはまずない。その主張を紹介してから、それとは反対の立場である警察や目撃者やスーパー店員などの主張で終わる。だからニュースを見終えた視聴者は、あとから登場した主張のほうが正しいかのような気分になる。つまり森は有罪だ。

なぜこんな順番になるかといえば、自称映画監督・作家・大学教授である森の主張に正当性があると思う人は、明らかに社会の少数派だからだ。やっぱりあいつはその程度の奴だったのかと思う人のほうが多い。そしてテレビは基本的には多数派の願望に抗《あらが》わない。なぜなら抗うと視聴率が落ちるから。それにもしも森のほうを支持するかのような印象を持たれたら、視聴者から抗議が来るかもしれない。局の偉い人がその抗議のことを聞いたら、そんな問題を起こすような報道をするプロデューサーやディレクターは重要なポジションに置いてはおけないと判断するかもしれない。スポンサー企業の担当者が抗議の件を耳にしたら、もうスポンサーは降りると言い出すかもしれない。

テレビが他のメディアと大きく違う点のひとつは、このスポンサーの存在がとても大きいことだ。新聞や雑誌は、基本的には（広告ページも若干あるけれど）それを読む人から料金をもらう。つまり市場から対価を受け取る。ところがテレビは、（CSやWOWOWなどは例外として）視聴者から料金をもらわない。代わりにCMのスポンサーである企業から広告費を受け取る。だからスポンサーの意向をとても大事にする。

福島第一原発が事故を起こしたあと、東京電力とメディアとの関係がいろいろと問題になった。少なくとも事故後については、僕は問題になるほどの癒着はないと思う。でも事故前であるならば、確かに大手電力会社に対しての遠慮や癒着や忖度《そんたく》は、少なからずあった。実際にテレビの側にいたから、それは自信を持って断言する。何しろ東京電力は大手電力会社だ。広告出稿量も桁外れに大きい。要するに大スポンサーだ。

ただし通常の番組と報道番組は違う。ネットなどではよく、報道番組もスポンサーとの関係があるから自由な意見を封じられている的な書き込みを目にするけれど、ネットで書かれているほどではない。スポンサーからのプレッシャーがまったくないとは言わないけれど、これに抗おうとする志の高い報道記者やディレクターは少なくない。僕も何人も知っている。

ただしテレビ局総体としては、確かにスポンサーの意向を気にする。

テレビが視聴率をこれほどに気にする理由は、それが企業からもらう広告費に換算されるからだ。

唯一の例外はＮＨＫだ。スポンサーからもらう広告料ではなく、国民からもらう受信料を収入の大きな柱にしている。ＣＭはない。だから視聴率を気にしたり企業に気を遣ったりする必要はない。これは今のメディアを考えるうえで、とても重要な要素だ。これについては、第五章でもう少し詳しく書く。今は先を急ごう。

テレビは社会の多数派に抗わない。なぜなら抗えば、視聴率が落ちるからだ。テレビほどではないけれど、新聞や雑誌など、すべての商業メディアにもこの原理は働いている。つまり多数派の意見が、テレビなどマスメディアを通してさらに大きく社会に伝えられる。ということはメディアの影響を受けて多数派がさらに増える。そしてメディアは、またその多数派の意見を優先的に伝える。

この連鎖が際限なく起こる。メディアを媒介にしながら、多数派の主張や意見は雪だるま式にどんどん大きくなり、少数派の主張や意見は急速に小さくなる。

例えばベストセラー。人気商品。あるいはブームやトレンド。これらはこうして発生する。最初はそれほどでもない。でもメディアが大きく報道する。それによって読んだり聞いたり買ったりする人が増える。人気スポットなども同じ。そもそもは知る人ぞ知る場所だった。でもテレビで隠れた人気スポットとして大きく放送された。それを観た人たちが押しかける。だから今度は、大人気のスポットとしてテレビなどが紹介する。それを見た人たちがまた……。

ここまでの説明は、本や音楽などのベストセラー、あるいは今のトレンドやブームなどについてだ。でもメディアの影響はそれだけじゃない。国民の意見や感覚なども同じように形成される。

つまり民意だ。あるいは世論。

最初は「何か変だな」と思っていた人も、それを当たり前だとする人たちがどんどん増えるので、その思いを口にしづらくなる。やがてはその人自身も、何度もメディアから同じ情報を見たり聞いたりしているうちに、その「変だな」という意識がどんどん薄くなってしまう。

ドイツがナチスの一党独裁になる過程で、「彼らは危険だ」と訴える人は、最初の頃はかなりいた。ユダヤ人を迫害したり拘束したりすることに、「同じ人間じゃないか」と反対する人もかなりいた。でもナチスの権力が強くなると同時に、メディアによるプロパガンダでこれを支持する人が急激に増えてきて、そんな人たちは沈黙した。あとはもう、暴走するばかりだった。

こんな現象を社会学的には「沈黙の螺旋《らせん》」という。こうして民意が形成される。本当は6

対4くらいなのに、結果として8対2や9対1になってしまった民意だ。でもその過程で、メディアや集団のバイアスが働いたとは誰も思っていない。自分の自由意思だと思っている。

ならばメディアはどうすべきなのか。もちろん、情報はこれを伝える人の主観から逃れられないのだとまずは自覚したうえで、できるかぎりは中立であるべきだし、公正な位置を目指すべきだと僕は思う。報道はそうあるべきだ。でも実際には、絶対的な中立や客観などありえないときちんと自覚しながら日々の仕事をしている記者やディレクターは、僕の知っている範囲では少数派だ。もちろん中には、必死に考えている人もいる。でもそういう人は、どちらかといえば出世できない。なぜなら視聴率や部数を上昇させることを優先して考えることに、どうしても抑制が働いてしまうからだ。出世できるのは、そんなことはあまり考えずに、どうやったら視聴率や部数が上がるだろうかと毎日考えているような人たちが多い。

悔しいけれど、これは大人の社会のある意味の断面だ。

だからあなたには知ってほしい。メディアはそんな本質的な矛盾を抱えている。中立公正で客観的な報道など、ありえない。必ず人の意識が反映されている。見たり読んだりする側もそれをつねに意識すること。そうすれば、同じニュースでも、これまでとは違って見えるはずだ。

第五章　事実と嘘の境界線上にある、それがメディアだ

今見ているものは現実の一部でしかない

僕はいま、大学でジャーナリズムやメディア・リテラシーを教えている。そのうちの一つの授業は大教室だ。学生の数も多い。たぶん300人以上いる。

教壇の上から一方的に授業を進めるだけでは面白くない。だから授業の最初の30分は学生たちにハンドマイクを手渡して、この一週間のあいだにメディアに対して自分が抱いた違和感を、一人ずつ発表させることにしている。

この場合の違和感をもう少し詳しく説明すれば、メディア（テレビでも新聞でも本でもネットでも）に触れながら、この伝えかたは何か変だなとか腑《ふ》に落ちないなどと思ったこと。これを毎週やる。いろいろ面白い意見が出る。

「先週、テレビのバラエティ番組の公開収録に参加したのですが、オンエアを見たら雰囲気がぜんぜん違うのでびっくりしました」

「どうして事件が起きると、被害者の評判は「挨拶をちゃんとする良い子でした」とか「とても真面目で残念です」ばかりになるのでしょう。たまには「素行が悪いのでいつかはこんなことになるのではないかと思っていました」みたいなコメントがあってもいいと思うのですが」

「24時間テレビって変です。寄付をするのならタレントもノーギャラでやるべきです」

「どうして事件を起こした少年は顔写真や名前が出ないのに、被害者の側は少年でも名前や顔が出るのですか」

「犯人が捕まったときに手錠などにモザイクをつける理由がわかりません」

「半年くらい前に中国に旅行したとき、親から携帯に電話がかかってきて、反日デモがすごいからすぐ帰ってきなさいと言われました。でも中国ではまったく反日デモなんて目にすることはありませんでした。会った中国人たちはみんな、日本人と知りながら、とても優しく接してくれました。これはいったいどういうことでしょうか」

学生たちはこんな疑問や違和感を口にする。僕が答えられる場合には答えるし、これはみんなで意見を出し合ったほうがいいなと思うときには論議させる。

本当なら、具体例を挙げた質問や違和感すべてへの答えを書きたいけれど、それではきりがない。ここでは最後の質問について、考えてみよう。

彼が中国に旅行していたとき、両親は家でテレビのニュースを見たらしい。鉢巻をして大勢で反日のシュプレヒコールをあげながら通りを歩く中国人たち。広場では日章旗に火をつける人もいた。確かにこんな映像を見たら、うちの子は大丈夫かしら、と思いたくなるだろう。

でも実際には、反日デモをやっている中国人はほんの一部だ。ところが日本のテレビ・ニュースを見ていると、まるで中国全土で反日デモが吹き荒れているような気分になってしまう。

学生がこの違和感を口にしたとき、やっぱりその時期に中国にいたという別の学生も手を挙げた。彼はたまたま反日デモの現場に遭遇したという。

「通りを20人くらいの男たちが大声をあげながら行進していました。多くの中国人たちはその様子を歩道から眺めていました。バカなことをしていると顔をしかめている人もたくさんいました。たくさんの人が映像を撮っていました。日本のテレビ局の撮影クルーもいました。日本に帰ってきてから、YouTubeでそのときのニュース映像を見ることができました。でも雰囲気は、実際にその場にいた自分が感じた雰囲気とはまったく違います」

フレーミングが違えば、全く異なる印象になる

彼のこの言葉を、わかりやすくイラストで説明しよう。（171ページ参照）日本のテレビ・ニュースの画面では、多くの男たちが怒っている。これだけを見れば、確かに中国全土で多くの人たちが怒っているかのような印象を受ける。

でもこのときに映像をもっと広角で撮って周囲の様子を入れていたら、印象はまったく違うものになっていたはずだ。

これがフレーミング。映像は現実の一部を切り取ることしかできない。もちろん常に広角で撮っていれば、もっと周囲の状況はわかってくるけれど、今度は人の表情などの細かなニュアンスがわからなくなるし、何よりもインパクトが薄くなる。しかも最近はテレビのニュースだけではなく、よりアップで撮る携帯電話やスマホの映像を、ネットで見ることが普通になってきた。特に戦場や紛争地域など危険な場所ほど、携帯やスマホの映像の割合が大きくなる。つまりフレーミングがより狭くなっている。この流れはもう止められない。

ならば観る僕たちはどうすればいいいか。

いま見ている映像は現実の一部でしかない。その思いを常に意識の底に置くことだ。僕は実はホラー映画が苦手だ。要するに臆病なのだ。だからホラー映画を見るときは、「これはフレームなのだ。全部じゃない。カメラが違う角度を撮れば、照明さんや音声さんや助監督などのスタッフたちが映り込むはずだ」と必死に自分に言い聞かせながら映像を見つめている（でもやっぱり怖いけれど）。

まあこれは極端な例。あまりそんなことばかり考えていたら映画を楽しめなくなる。でも映像（特に報道系）に接するとき、「これはフレームで切り取られた現実なのだ」との意識を常に持つことは、リテラシーとしては重要だ。

では次のステップ。撮った映像を編集するとき、音と映像を分けて編集することがある。難しい技術じゃない。テレビや映画の業界では、誰もが当たり前のように使う手法だ。そしてこの手法を使えば、世界をいくらでもアレンジすることができる。場の雰囲気を変えることなど、とても簡単だ。

メディアは最初から嘘なのだ

具体的な例を挙げよう。例えばあなたの学校の数学の授業の様子を、テレビ局が撮りにきたとする。

後日、その番組が放送される。学校の簡単な紹介が終わったあと、教壇で先生が黒板に連立方程式を板書しながら、一生懸命に喋っているカットが映る。

その先生のカットのあとに、カメラは先生の話を聞くあなたたちのカットに切り替わる。映像はあなたたちの顔だけど、先生の講義はずっと変わらない調子で続いている。

実はここで放送されたあなたたちの顔は、先生の講義がひと段落したあとに撮られた映像だ（これを業界では捨てカットとか雑景などという）。ところがカットが変わるときにも、先生の話は途切れたりはしない。なぜならこの場合、音は音だけでずっと切れ目を入れずに使っているからだ。この「音をベースにしながら映像だけを差し替える編集」をインサート（挿入）という。

このとき、あなたたちのどんな表情を使うかは、ディレクターや映像を編集する人の意図に任せられる。一生懸命にうなずきながら話を聞いている映像を使えば、とても熱心な先生と、真面目に授業を受ける生徒たちというシーンになる。でもあなたがたまたまあくびをかみ殺していたり、隣の席の誰かが一瞬だけ窓の外を眺めていたりするような映像を使えば、先生の熱心さが空回りしている授業というシーンになる。

①　先生が熱っぽく講義をしている。

②　その講義の途中に、話を聞くあなたたちの顔が数秒だけインサートされる。

③　でもここで使われたあなたたちの顔は、実のところ講義が終わってから撮影されたカットだ。

④　音声はずっと先生の講義が続いている。だから観る側は、インサートされたあなたたちの顔を、先生が講義しているときの表情だと解釈する。

⑤　そしてここで、あなたたちのどんな表情を使うかは、撮影して編集する側の裁量に任せられている。

インサートは編集技術の基礎だ。テレビ番組を注意して見れば、こんなシーンはいくらでもある。そしてそんな場合、場の雰囲気をどう再現するかは、ディレクターや編集する人の思いのままなのだ。もしもディレクターが授業をとても有意義だと感じたなら、熱心にうなずきながら話を聞く生徒たちの顔をインサートするだろう。逆にこの授業はつまらないと感じたなら、あくびを噛《か》み殺している生徒の顔をインサートするかもしれない。

インサートは一例だけど、映像はこうして作られるものだということを、まずあなたには知ってほしい。事実の断片を寄せ集めてはいるけれど、できあがった作品は事実とは微妙に違う。メディアが嘘《うそ》つきであると言っているわけじゃない。もっと正確にいえば、メディアは最初から嘘なのだ。だって授業中にテレビカメラが教室にあれば、誰だって緊張する。誰だって普段とは違う言動をする。自分を置き換えて考えてほしい。

明日はこの商店街にテレビが撮影に来る。もしもそんな情報が流れたら、商店街の人たちはどうするだろう。八百屋さんや魚屋さんや肉屋さんは、新鮮な素材をたっぷりと仕入れるはずだ。本来は定休日の予定だったラーメン屋さんは、特別に店を開けるかもしれない。女性たちは美容院に行ったりして、精一杯おしゃれをするだろう。

そこで撮れる光景は、カメラが介在することで変質した光景だ。盗み撮りや監視カメラの映像は別にして、カメラはカメラによって変質した現実しか撮れないのだ。決して「ありのまま」ではない。つまりこれも、見方によっては「嘘」ということになる。

ついでに書くけれど、そもそも動画という言葉が嘘なんだよ。画は動いていない。フィルムなら一秒24コマ、ビデオなら一秒30コマの静止画が、パラパラ漫画の要領で動くだけ。つまり動画は目の錯覚。実はまったく動いていない。

とにかくこれらの嘘を集めて、記者やディレクターが現場で感じ取った真実を再構築する。

①
$x+y=3$
$2x+5y=9$
②
②′
③
$x+$
$2x$

それが報道だ。事実とは微妙に違う。でも記者やディレクターが現場で感じた真実だ。それは記者やディレクターによって違う。真実は人の数だけある。

だから最初から嘘なのだとすべてを決めつけてしまうのは、少しというかまったく違う。ほとんどの記者やディレクターは、そんな自分にとっての真実を現場で集めながら、真実を描こうと懸命に頑張っている。でも中には、頑張っていない人もいる。あるいは頑張る方向が、視聴率や部数などの数字を高くすることに向う人もいる。記者やディレクターが伝えようとする真実を、「客観性が足りない」とか「中立公正でない」などの理由で、つぶそうとするデスクやプロデューサーもいる。

第四章で僕は、0と1の例を挙げながら、メディアはわかりやすさを目指すと書いた。つまり四捨五入。小数点以下の端数は、視聴者からわかりづらいとそっぽを向かれる可能性があるから、メディアはこの切り上げと切り下げを当たり前のようにやる。

この切り上げが、よく問題になるヤラセ。ある村に雨乞いの儀式がある。ロケ隊はそれを撮りに行ったのだけど、今年は雨が多かったからやらないという。でもそれじゃ困る。何をしに来たかわからない。だから村人に頼んで、雨乞いの儀式を特別にやってもらう。つまり再現してもらう。だから撮影された雨乞いの儀式は、どんな衣装を着るかとかどんな場所でやるかとか参加する村人は誰かなどの情報に加えて、ロケ隊に頼まれてやったということも重要な情報となる。これもそのまま提示すればよいと僕は思うのだけど、ほとんどの場合、頼んだ過程を省略してしまう。これは切り下げだ。

この切り上げと切り下げで、テレビ番組は作られる。番組だけじゃない。ドキュメンタリー映画などといわれるジャンルや、新聞や雑誌の記事なども、基本的には変わらない。

これは料理に似ている。仕入れてきたジャガイモやニンジンやたまねぎを、まるごと煮る人はまずいない。というか美味しくない。皮を剝《む》かなくてはならない。切り分けなければならない。たまねぎのヘタやジャガイモの芽は除かないと。面取りをする人もいるだろう。豚肉もロースの固まりのままでは食べづらい。切って脂身を削っておこう。次に油で炒める。塩コショーも忘れずに。チャツネやウコンやコリアンダーなどの調味料を加えれば、より本格的な味になる。鍋に水を入れて湯を沸かし炒めた材料を入れる。浮いた油や灰汁《あく》はすくって取り除いたほうが美味しい。ここで市販のカレールーを割り入れる。あらかじめ、たまねぎとカレー粉と小麦粉を炒めておいて、本格的なカレーを作る人もいる。

こうしてカレーができる。皿にご飯を盛ってカレーをかける。できあがったカレーライスを食べながら、ジャガイモやたまねぎの元の形がないと怒る人はいないだろう。確かに素材はジャガイモやたまねぎやニンジンだけど、そのままでは料理にならない。

もちろんニュースの場合は、できるだけ素材を切り刻んだり調味料を使ったりしないほうがいい。でもテレビの場合は時間が、そして新聞や雑誌の場合は文字数が、一定の量に限られている。素材をそのまま使っていては皿からはみ出してしまう。だから調理をしながら、いかに素材の味を引き出すかが問題になる。でも中には、素材の味などにあまり関心を持たずに、調味料ばかりを使う記者やディレクターがいる。確かに刺激的でとりあえずは美味しいかもしれないけれど、でも素材の本当の味はどこにもない。そこにあるのは、みんながジャガイモやニンジンらしいと思う味なのだ。

事実はひとつじゃない。世界は無限に多面体だ

「森さんはヤラセをやったことはありますか？」と時おり訊《たず》ねられる。そんなとき僕は、その質問をした人が、どんな意味でヤラセという言葉を使ったのかを訊《き》き返すようにしている。

事実にないことを捏造《ねつぞう》する。これがヤラセだ。その多くには、みんなから注目されるとか評判になるとかの見返りがある。ただしここまで読んでくれたなら、その判定は実は簡単で

はないことは、あなたもわかってくれると思う。事実は確かにある。でもその事実をそのまま皿に載せても食べづらい。というか皿に載らない。だからみんなが喜んで食べてくれるように調理をする。切り刻む。余分だと思えば捨てる。これが演出だ。

ヤラセと演出のあいだには、とても曖昧で微妙な領域がある。そんなに単純な問題じゃない。でも報道したりドキュメンタリーを撮ったりする側についてひとつだけ言えることは、自分が現場で感じとった真実は、絶対に曲げてはならないということだ。そして同時に、この真実はあくまでも自分の真実なのだと意識することも大切だ。同じ現場にいたとしても、感じることは人によって違う。

つまり胸を張らないこと。負い目を持つこと。

メディアやジャーナリズムにおいては、これがとても重要だと僕は考える。自分は決して客観的な事実など伝えていない。自分が伝えられることは、結局のところは主観的な真実なのだ。そう自覚すること。そこから出発すること。だからこそ自分が現場で感じたことを安易に曲げたり変えたりすり替えたりしないこと。

たったひとつの真実を追究します。

こんな台詞《せりふ》を口にするメディア関係者がもしいたら、あまりその人の言うことは信用しないほうがいい。確かに台詞としてはとても格好いい。でもこの人は決定的な間違いをおかしている。そして自分がその間違いをおかしていることに気づいていない。

真実はひとつじゃない。事実は確かにひとつ。ここに誰かがいる。誰かが何かを言う。その言葉を聞いた誰かが何かをする。たとえばここまでは事実。でもこの事実も、どこから見るかで全然違う。つまり視点。なぜなら事実は、限りなく多面体なのだから。

あなたのクラスの授業。カメラをどこに置くかで見えるものはまったく違う。先生の立っている場所にカメラを置く場合と、クラスの問題児の席のすぐ傍にカメラを置く場合とで、世界はまったく変わる。世界は無限に多面体だ。

動物のドキュメンタリーを例に挙げよう。アフリカのサバンナで、子供を3匹産んだばかりの母ライオンがいる。ところがその年のアフリカは記録的な干ばつに襲われていて、ライオンのエサである草食動物がとても少ない。だから母ライオンは満足に狩りをすることができない。飢えている。痩せ細ってお乳も出ない。子ライオンたちもぐったりと衰弱して、もうほとんど動けない。

先生からの風景

問題児からの風景

このままでは家族全員が餓死してしまう。母ライオンは今日も、弱った足を引きずりながら狩りに出る。もしも今日も獲物を発見できなければ、子供たちはみんな死んでしまうかもしれない。そのとき母ライオンは2匹のトムソンガゼルを発見した。大きなほうは無理でも小さなほうならば、弱った自分の足でも捕まえることができるかもしれない。

母ライオンはじりじりと、2匹のトムソンガゼルににじり寄ってゆく。その場面を観ながらあなたは、何を思うだろう。きっと手に汗握りながら、がんばれと思うはずだ。がんばってあのトムソンガゼルを仕留めて、巣で待つ3匹の子ライオンにお乳を飲ませてやってくれ。命を救ってくれ。

ここで場面は変わる。今度は群れから離れてしまったトムソンガゼルのドキュメンタリーだ。干ばつで草がほとんどない。母親と生まれたばかりのトムソンガゼルは、サバンナを長くさまよいながら、必死に草を探し求める。やっと草を見つけた。2匹は無心に草を食べる。その時カメラのレンズが、遠くからじりじりと近づいてくる痩せ細った雌ライオンの姿を捉える。その視線は明らかに、子供のトムソンガゼルを狙っている。

この場面を観ながら、あなたはきっと、早く逃げろと思うはずだ。早く気がついてくれ。今なら間に合う。あの凶暴なライオンから逃げてくれ。

これが視点だ。どちらも嘘ではない。でも視点をどこに置くかで、世界はこれほどに違って見える。

物事にはいろんな側面がある。どこから見るかでまったく変わる。あなたは普段、父親や母親の言いつけをよく守る子供であるとする。でも今日夕ご飯を食べながら、「最近あまり勉強していないいんじゃない?」と母親に言われて、思わず口答えをしてしまったとする。このときの口答えの理由は何だろう。

ある人は、「あの子は最近お母さんが口うるさいと思っていらいらしていたんだよ」と言う。また別の人は、「自分ではやっているつもりだったから、お母さんはわかってないと思ったんだ」と言う。またもう一人の人は、「実は最近、自分でも確かに勉強時間が足りないと思っていたので、つい反抗してしまったんだよ」と言う。「別の心配事があってそれが気になっていて、思わず口答えしてしまったのさ」と説明する人もいるかもしれない。

あなたの本当の心情は僕にはわからないけれど、でも少なくとも、どれかひとつだけが正解であとは全部間違っているということはないいんじゃないかな。事件や現象は、いろんな要素が複雑にからみあってできている。どこから見るかで全然違う。

さまざまな角度の鏡を貼り合わせてできているミラーボールは、複雑な多面体によって構成される事実と喩《たと》えることができる。でもこれを正確にありのままに伝えることなどできない。だからメディアは、どれか一点の視点から報道する。それは現場に行った記者やディレクターにしてみれば、事実ではないけれど（自分の）真実なのだ。

視点を変えれば、また違う世界が現れる。視点は人それぞれで違う。だから本当は、もっといろんな角度からの視点をメディアは呈示するべきなのだ。いや、提示されるはずなのだ。でも不思議なことに、ある事件や現象に対して、メディアの論調は横並びにとても似てしまう。なぜならその視点が、最も視聴者や読者に支持されるからだ。


だからあなたに覚えてほしい。事実は限りない多面体であること。メディアが提供する断面は、あくまでもそのひとつでしかないということ。もしも自分が現場に行ったなら、全然違う世界が現れる可能性はとても高いということ。

自分が現場で感じた視点に対して、記者やディレクターは、絶対に誠実であるべきだ。なぜならそれが、彼が知ることができる唯一の真実なのだから。でも現実はそうじゃない。

オウムの信者たちが、とても善良で気弱で純粋であることは、現場で取材をしている記者やディレクターの大半は気づいていたはずだ。実際に現場で雑談すれば、「善良無垢な集団

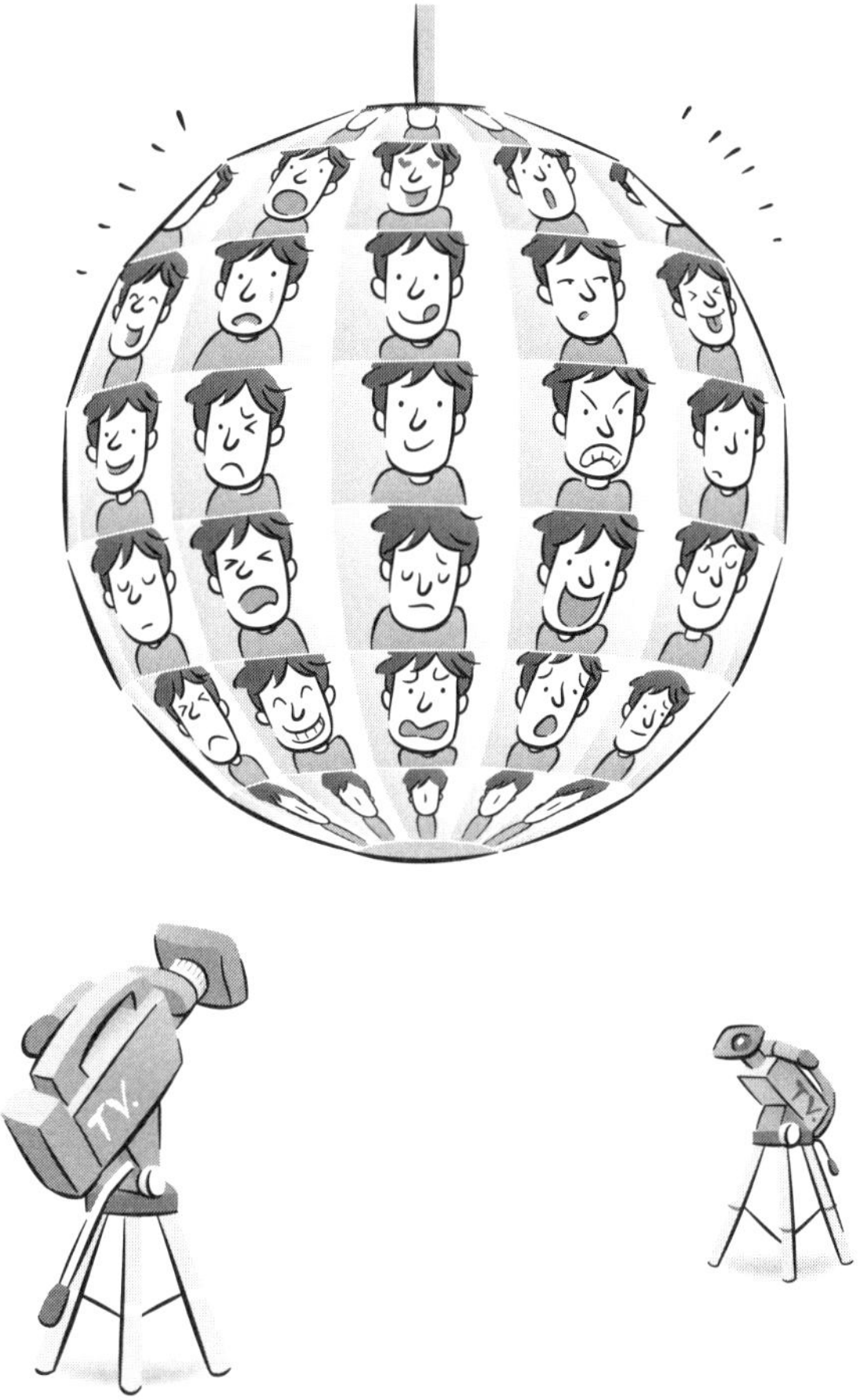
T.V.
T.V.

ですね」などと彼らはよく口にしていた。でも彼らはそう報道しなかった。もしもあの時期にそのように報道していたら、視聴者や読者からは抗議が殺到していただろうし、視聴率や部数が下がると思い込んでいたからだ。

それと僕がテレビ番組制作会社を解雇されたときのケースのように、大きな組織の場合、実際には現場を知らない人が大きな権限を持っていることが普通だ。そんな人たちは、現場は実は違いますと言っても、なかなか承諾してくれない。

マーケットを作っているのは私たちである

切り上げと切り下げの話を思いだしてほしい。現実はとても微妙だ。敢えて数値化すれば、小数点以下の数字ばかりになる。それではわかりづらい。だから四捨五入する。1.5以上は2.0。1.4は1.0。

切り上げや切り下げは、メディアの宿命でもある。だからそれがある一定のルール、つまり四捨五入の法則にきちんと従っているのなら、見方を変えればそれほど悪質ではないといえるかもしれない。

ところが実のところ、7.6でも7にしてしまう場合がある。あるいは、5.3でも6にしてしまう場合がある。とても強引な切り上げや切り下げだ。

この場合、見ているほうは、もちろんもとの数字はわからない。間違った数字が集積されれば、間違ったイメージや世界観が作られる。しかもテレビの場合、見る人の数は圧倒的に多い。その影響力は凄まじい。こうして民意という多数派が作られる。政治もこの民意には敵わない。なぜなら民意を敵に回すと、政治家は次の選挙で落選するかもしれないからだ。こうして国の方針が決まる。間違った世界観で作られた方針だ。でも誰も間違っているとは気づかない。気づくのは、いつも事が終わってからだ。かつてのドイツのように。かつてのこの国のように。今の北朝鮮のように。

なぜ四捨五入の法則が働かないときがあるのだろう。政治家やスポンサーからの圧力の場合もある。抗議を恐れるときもある。でも最大の理由は、無理な切り上げや切り下げをしたほうが、視聴率や部数が上がる場合があるからだ。これを市場原理という。

例えば冷夏で野菜がたくさん作れないときは、野菜の値段が上がる。つまりキャベツ一個の価値は決して絶対的なものではなく、市場（マーケット）がどれほどにキャベツを求めるかで決まる。

だから考えてほしい。その市場原理を作っている要素は何なのか。

それは僕であり、あなたである。

僕やあなたを含めての視聴者や購読者が、市場原理の主体となる。僕らが戦争を望まなければ、メディアも戦争を翼賛するような書き方はしなくなる。世の中の動きに逆らってでも真実を追究しろと、僕も本音ではメディアに言いたい。でも同時に、それがとても難しいことも知っている。

そしてテレビの場合、この市場原理から解き放たれることを約束されたのがＮＨＫだ。スポンサーがいないのだから、過剰に視聴率を気にしなくて良いはずだ。

でも今のＮＨＫは、確かに視聴率は民放ほどには気にしていないけれど、予算や会長や経営委員会などの人事を決められることで、政府の意向をとても気にするようになってしまった。なにしろ最高責任者である会長が「政府が『右』と言っているのに我々が『左』と言うわけにいかない」などと発言するレベルなのだ。独裁国家の国営放送ならば必要ない。メディアの存在意義のひとつ（そして最も重要なこと）は、国家権力への監視と批判だ。ところが、今のＮＨＫは、なかなかそれができない組織になってしまった。

でもだからといって、ＮＨＫを民営化しろとかなくしてしまえとか言う人が時おりいるけれど、なくなってしまったら困る。誰が困るのか。ＮＨＫの職員だけじゃない。本当に困るのは僕たちだ。


かつてテレビの仕事をしていた頃、初めて会う人によく言われた。

「どうして今のテレビはあんなに下らないんですか。特にゴールデンタイム。バカバカしいバラエティばかりじゃないですか。ニュースだってワイドショーと見分けがつかない。もう少しちゃんとした番組をやってくださいよ」

何も言い返せない。僕はうなだれるばかりだ。でも本当は言い返したいことはある。テレビ業界の中にも、良質な番組を作りたいと願う人は大勢いる。でもゴールデンタイムでそんな番組を放送しても、視聴率は間違いなく低迷する。だから消えてしまう。その視聴率を決めているのは、テレビを見ているあなたであり、僕なのだ。

もう一度書く。僕たちはメディアから情報を受け取る。そして世界観を作る。でもそのメディアの情報に、大きな影響力を与えているのも僕たちだ。メディアが何でもかんでも四捨五入してしまうのも、その四捨五入がときには歪《ゆが》むのも、実際の物事を誇張するのも、ときには隠してしまうのも、（すべてとは言わないけれど）僕たち一人ひとりの無意識な欲望や、すっきりしたという衝動や、誰か答えを教えてくれという願望に、忠実に応えようとしているからなのだ。

20世紀前半、メディアは大きな間違いの潤滑油となった。でもこれは過去形ではない。今も続いている。1994年、第二章で書いた松本サリン事件が起きた年、アフリカのルワンダで大規模な虐殺があった。民族も宗教も言語も同じであるはずのツチ族の人々を、フツ族の人々が手当たりしだいに殺し始めた。虐殺された人の数の推定は100万人以上だったと言われている。

原因はもちろんひとつじゃない。事象や現象は多面的だ。いろんな要因が働いている。でもその後の調査で、主にフツ族がよく聴いていたラジオが、「ツチ族は危険だ」とか「あいつらはゴキブリだ。駆除しなくてはならない」などと訴えていたことが、虐殺の大きな要因になったことが判明した。発展途上国のルワンダでは、ラジオが大きな影響力を持つメディアだったのだ。

ナチスの最高幹部だったゲーリングが、戦争を起こすときには「危機を煽《あお》ればいい」と証言したことは第三章で書いた。もちろん戦争を起こしたいと考える指導者がメディアを利用する場合もあるけれど、メディアはそもそも、危機を煽ることがとても得意な媒体だ。なぜならそのほうが視聴率や部数は上がるから。

時おり僕は、人類は何で滅ぶのだろうかと考える。

① 宇宙人の襲来
② 隕石の落下
③ 氷河期

あなたはどう思う？　正解はもちろんわからない。わからないけれど、僕は時々、人類は進化しすぎたメディアによって滅ぶのじゃないかと考えている。

杞憂《きゆう》であってほしい。それにメディアがとても危険な存在であっても、もう人類はこれを手放せない。水や空気と同じように、あなたはスマホやパソコンを手放せない。メディアはそこにあって当然なものになってしまった。

だからリテラシーは重要だ。正しくメディアを見たり聞いたり読んだりすることは、この世界について、正しく認識することと同じ意味なのだ。そのうえで考える。自分は何をしたいのか。世界はどうあるべきなのか。何が正しいのか。何が間違っているのか。

僕たちがリテラシーを身につければ、きっとメディアも変わる。変わったメディアによって、僕たちはもっと変わる。そうすればきっと、世界は今よりはいい方向に進む。


ここでは主にテレビを中心に書いたけれど、メディアはすべて、事実と嘘の境界線の上にいる。それをまず知ろう。そのうえでメディアを利用しよう。NHKのニュースや新聞は間違えないというレベルの思い込みは捨てよう。でも、メディアは嘘ばかりついているとの思い込みもちょっと違う。マスゴミなどと言って軽視することは間違いだ。人が人に伝達する。その段階でどうしても嘘は混じる。

でもこの嘘の集積が、真実になることもある。それがメディア。だから何でもかんでも疑えばいいってものでもない。

世界は多面体であること。とても複雑であること。そんな簡単に伝えられないものであること。でもだからこそ、豊かなのだということ。それらを知ること。気づくこと。それがリテラシーだ。

憎悪や殺し合いや報復はいまだに絶えないけれど、でもあきらめることはない。未来を信じよう。そしてそのためにも、メディアをうまく使おう。

この本はここで終わり。でもこの本に書かれた内容はこれから始まる。でも、始まるかどうかはあなた次第。僕の役目はここまで。あとはあなたにバトンを渡す。

あとがき

いま僕はインド洋を走る船の後部甲板に置かれたデッキチェアで、この「あとがき」を書いている。明日にはマラッカ海峡に入る予定だ。

船はいい。周囲360度は青い海。よく見れば水平線は確かに丸い。空も青い。時間がゆったりと過ぎる。今夜も満天の星空が見れるはず。

……などと書くと、優雅なご身分だねと思われるかもしれないけれど、僕が今乗っている船はピースボートだ。あなたも募集のポスターを見たことがあるかもしれない。たぶん世界で最も低価格で地球一周ができる船だ。しかも僕の立場は短期間のゲスト。船の上で自分の作品の上映会や講演などを行うことを引換条件として、費用を大幅に免除してもらえる。つまり自分のお金はほとんど使わない。だからこうして乗ることができる（でも、実際は相当に忙しい）。

まあそれはそれとして、とにかく船旅はいい。まさしく非日常。すべてがゆったりとしている。でも何よりも気持ちを安らかにしてくれる大きな要因は、外部の情報がほとんど入ってこないことだ。

新聞は配達されない。テレビの電波も届かない。インターネットやスマホは繋《つな》がらないわけではないけれど、洋上だから不安定だし有料だ。だから日本にいるときのように気軽に接続できない。

つまり船上にはリアルタイムなメディアがない。読むことができるのは船内の図書館にある書籍や古い雑誌など。ピースボートには十代後半から二十代前半の若者たち（つまりあなたとほぼ同じ世代）も多く乗り込んでいるが、旅の初めではスマホやタブレットが繋がらないことに不安そうだ。

でも数日で馴《な》れる。寄港地ではWi-Fiに繋《つな》がる。年配の世代は新聞や雑誌の最新号を読めないことが最初は不安そうだけど、数日で気にしなくなる。日本で起きている大きなニュースはピースボートのスタッフが壁に貼りだすネットニュースのコピーで読むことができるけれど、必死で読んでいる人はあまりいない。日本にいるときはいろいろな事件やニュースが気になってばかりいたけれど、離れてしまうと急激に興味が消えるようだ。

だってこのクルーズでは、それまでテレビや写真でしか見たことがなかった多くの国に行くことができる。アフリカではマサイ族と一緒に踊り、中東ではパレスチナ難民キャンプにホームステイして、インドでは水上生活者たちの家を訪ね、ペルーでは古代文明の町クスコで一夜を明かし、タヒチではタロイモの収穫に参加して汗を流す。言語や宗教、肌や眼《め》の色が違う多くの人に会う。多くの人と話す。多くの人と微笑《ほほえ》み合い、そしてハグする。

それは与えられた情報ではない。自らの体験だ。

メディアの情報に温度や匂いはない。微笑みかけてもうなずいてはくれない。ハグもできない。

だから船の上で時おり思う。メディアなど要らない。必要ない。

メディアから与えられる情報で人は心をかき乱される。絶え間なく欲望を刺戟《しげき》される。あることないことを案じて一喜一憂する。時にはメディアの情報に踊らされて大きな間違いを犯す。多くの人が泣く。多くの人が死ぬ。多くの人が絶望の果てに追い込まれる。良いことなど何もない。船上で空と海を眺めながら、本気でそう思う。メディアがなくても人は生きてゆける。

でもそれは船に乗っているあいだだけ。ずっと船に乗っているわけにはゆかない。いずれ降りなくてはならない。日本に帰国しなくてはならない。日常に戻らなくてはならない。

そしてそのとき、メディアはやはり必要だ。

だって人は人と繫がっている。その関係を断ち切ることはできない。遠く離れた場所で苦しんでいる人がいたら力になりたい。できることをしたい。そしてそのためには、遠く離れた場所で苦しんでいる人について知らなければならない。情報を入手しなくてはならない。本文でも書いたように、現在の政治や経済は、すべて国境を越えて繫がっている。連鎖している。地球という惑星に生きている以上、その連鎖から外れることはできない。他者との関係をすべて断ち切って一人で生きることは不可能だ。

特に二十世紀以降、メディアは水や空気のようなものになってしまった。これなしで人は生きてゆけない。

ならば水や空気の成分や組成を知らなければならない。地球の空気の主成分は酸素と窒素と二酸化炭素。その割合も重要だ。水の分子は一つの酸素原子と二つの水素原子の結合体。さらにミネラルの含有量によって硬水と軟水に分けられる。

組成が違ったり不純物が混じったりした水や空気は、身体に害を与える可能性がある。メディアも同じ。組成を知る。影響を学ぶ。働きを学ぶ。汚れたらきれいにする。当たり前のこと。でもその当たり前のことを、当たり前のようにやっているとは言い難い。

メディアの影響力はすさまじい。ましてこれからはネットがさらに広がる。するとメディアがもつ負の作用がさらに大きくなる。

メディアはツール。とても副作用が大きいけれど、結局はツール。使うのは僕であり、あなたである。

ならば上手に使おう。多くの人が少しでも幸せになるように。多くの人が平和で安らかな時間を過ごせるように。僕とあなたが、この世界に生まれて良かったと思えるように。

ちくまプリマー新書

047
おしえて！　ニュースの疑問点
池上彰
ニュースに思う「なぜ？」「どうして？」に答えます。今起きていることにどんな意味があるかを知り、自分で考えることが大事。大人も子供もナットク！の基礎講座。

204
池上彰の憲法入門
池上彰
改正したら、日本の未来はどうなるの？　憲法はとても大事なものだから、しっかり考える必要がある。今こそ知っておくべきギモン点に池上さんがお答えします！

080
「見えざる手」が経済を動かす
池上彰
市場経済は万能？　会社は誰のもの？　格差問題の解決策は？　経済に関するすべてのギモンに答えます！「見えざる手」で世の中が見えてくる。待望の超入門書。

143
国際貢献のウソ
伊勢﨑賢治
国際NGO・国連・政府を30年渡り歩いて痛感した「国際貢献」の美名のもとのウソやデタラメとは。思い込みを解いて現実を知り、国際情勢を判断する力をつけよう。

059
データはウソをつく
――科学的な社会調査の方法
谷岡一郎
正しい手順や方法が用いられないと、データは妖怪のように化けてしまうことがある。本書では、世にあふれる数字や情報の中から、本物を見分けるコツを伝授する。

ちくまプリマー新書

074
ほんとはこわい「やさしさ社会」
森真一
「やさしさ」「楽しさ」が善いとされ、人間関係のルールである現代社会。それがもたらす「しんどさ」「こわさ」をなくし、もっと気楽に生きるための智恵を探る。

122
社会学にできること
西研
菅野仁
社会学とはどういう学問なのか。社会を客観的にとらえるだけなのか。古典社会学から現代の理論までを論じ、自分と社会をつなげるための知的見取り図を提示する。

169
「しがらみ」を科学する
——高校生からの社会心理学入門
山岸俊男
社会とは、私たちの心が作り出す「しがらみ」だ。「空気」を生む社会そのものの構造を解き明かし、自由に生きる道を考える。ＫＹなんてこわくない！

028
「ビミョーな未来」をどう生きるか
藤原和博
「万人にとっての正解」がない時代になった。勉強は、仕事は、何のためにするのだろう。未来を豊かにイメージするために、今日から実践したい生き方の極意。

067
いのちはなぜ大切なのか
小澤竹俊
いのちはなぜ大切なの？——この問いにどう答える？子どもたちが自分や他人を傷つけないために、どんなケアが必要か？　ホスピス医による真の「いのちの授業」。

ちくまプリマー新書

142
14歳からの靖国問題
小菅信子
英霊、名誉の戦死、戦犯合祀……。いまなお靖国神社につきまとう様々な問題を通して、戦死者の追悼を平和と和解の未来へつなげるにはどうしたら良いかを考える。

165
ヒロシマ、ナガサキ、フクシマ
――原子力を受け入れた日本
田口ランディ
世界で唯一原爆を落とされた国が、なぜ原発大国になったのか？　歴史を振り返り、圧倒的な想像力で描き出す。これからの「核」を考えるための最初の一冊。

116
ものがたり宗教史
浅野典夫
宗教は世界の歴史を彩る重要な要素のひとつ。異文化への誤解をなくし、国際社会の中での私たちの立ち位置を理解するために、主要な宗教のあらましを知っておこう。

162
世界の教科書でよむ〈宗教〉
藤原聖子
宗教というとニュースはテロや事件のことばかり。子どもたちは学校で他人の宗教とどう付き合うよう教えられているのか、欧米・アジア9か国の教科書をみてみよう。

184
イスラームから世界を見る
内藤正典
誤解や偏見とともに語られがちなイスラーム。その本当の姿をイスラーム世界の内側から解き明かす。イスラームの「いま」を知り、「これから」を考えるための一冊。

ちくまプリマー新書

003
死んだらどうなるの？
玄侑宗久

「あの世」はどういうところか。「魂」は本当にあるのだろうか。宗教的な観点をはじめ、科学的な見方も踏まえて、死とは何かをまっすぐに語りかけてくる一冊。

054
われわれはどこへ行くのか？
松井孝典

われわれとは何か？　文明とは、環境とは、生命とは？　世界の始まりから人類の運命まで、これ一冊でわかる！　壮大なスケールの、地球学的人間論。

073
生命科学の冒険
——生殖・クローン・遺伝子・脳
青野由利

最先端を追う「わくわく感」と同時に、「ちょっと待てよ」の倫理問題も投げかける生命科学。日々刻々進歩する各分野の基礎知識と論点を整理して紹介する。

123
ネットとリアルのあいだ
——生きるための情報学
西垣通

現代は、デジタルな情報がとびかう便利な社会である。にもかかわらず、精神的に疲れ、ウツな気分になるのはなぜか？　人間の心と身体を蘇らせるＩＴの未来を考える。

183
生きづらさはどこから来るか
——進化心理学で考える
石川幹人

現代の私たちの中に残る、狩猟採集時代の心。環境に適応しようとして齟齬をきたす時「生きづらさ」となって表れる。進化心理学で解く「生きづらさ」の秘密。

ちくまプリマー新書 221

たったひとつの「真実《しんじつ》」なんてない

二〇一四年十一月十日　初版第一刷発行
二〇二五年　二　月五日　初版第九刷発行

著者　森達也（もり・たつや）
装幀　クラフト・エヴィング商會
発行者　増田健史
発行所　株式会社筑摩書房
東京都台東区蔵前二-五-三　〒一一一-八七五五
電話番号　〇三-五六八七-二六〇一（代表）
印刷・製本　株式会社精興社

ISBN978-4-480-68926-9 C0200　Printed in Japan